NEPA Verlag

Stefan Ruck

Tierische Begebenheiten

Besuchen Sie uns auch im Internet
www.nepa-verlag.de

Stefan Ruck

Tierische Begebenheiten

Mit Illustrationen von Max Loss

Originalausgabe 2017

© 2017 NEPA Verlag, Frauensee
Umschlagbild: Max N. Loß
Illustrationen im Buch: Max N. Loß

Druck: KN Digital Printforce GmbH,
Ferdinand-Jühlke-Straße 7, 99095 Erfurt

ISBN: 978-3-946814-13-9

Der Autor

 Stefan Ruck, Jahrgang 1962, lebt und arbeitet in Thüringen. Der Dipl.-Ing. ist verheiratet und Vater eines Sohnes, der im Jahr 2004 das Licht der Welt erblickte.

Zum Schreiben ist er durch seinen Nachwuchs gekommen, dem er vor dem Einschlafen immer eine Gute-Nacht-Geschichte vorlesen oder erzählen musste. Irgendwann kam er dann auf die Idee, sich selbst Geschichten auszudenken und diese zu Papier zu bringen – aus der Idee ist Wirklichkeit geworden!

Mittlerweile ist das Schreiben von Kinder- und Jugendliteratur ein fester Bestandteil seines Lebens geworden. Sein Sohn war von Anfang an ein strenger Kritiker, wenn er ihm die Entwürfe zu neuen Ideen vortrug, und er ist es heute noch. So ist es für den Autor möglich, als Erwachsener einen guten Einblick in die kindliche Gedanken- und Vorstellungswelt zu bekommen und kann sich dementsprechend gezielt bei der Umsetzung neuer Projekte darauf einstellen.

Ziel des Autors ist es, Spannendes, Humorvolles, Abenteuerliches, Unterhaltsames und auch ein wenig Lehrreiches altersgerecht in guten Büchern umzusetzen.

Stefan Ruck

Tierische Begebenheiten

NEPA Verlag

Das verwaiste Ei

»Hoppla, was ist denn das ...?!«, wundert sich die alte Hausgans Erna zutiefst empört. Gestört zu werden, mag sie nämlich überhaupt nicht. Zumal sie momentan hoch erhobenen Hauptes voller Stolz auf ihren vier prächtigen, weißen Gänseeiern sitzt, die sie unlängst mit flammender Begeisterung selbst gelegt hat und aus denen nun bald ihre kleinen, flauschigen Gänsebabys schlüpfen werden. Sie freut sich schon abgöttisch auf ihren entzückenden Nachwuchs, den sie fürsorglich und mit größter Hingabe aufzuziehen und zu umsorgen gedenkt.

Doch da kommt plötzlich wie aus heiterem Himmel in rasendem Tempo ein weiteres Ei auf Erna zugerollt. Misstrauisch beobachtet die werdende Mama besorgt den unverschämten Störenfried, der immer langsamer wird, je näher er herankommt. Schließlich kullert er bedächtig bis zu der ahnungslosen Gänsedame hin, bleibt genau neben ihr liegen und rührt sich nicht von der Stelle.

Das fremde Ei erweist sich etwas größer als die vier Gänseeier, die Erna zurzeit mit ihrem schützenden Federkleid einmummend wärmt. Erna schaut sich fragend und laut schnatternd in der Runde um. »Woher kommt dieses seltsame Ei?«, schimpft sie entrüstet. »Wem mag es wohl gehören?«

Die Hausgans Erna gehört zu den alteingesessenen Bewohnern auf dem großen Bauernhof mit den vielen Tieren. Sie ist hier geboren und aufgewachsen und sie hat ihr ganzes bisheriges Leben auf diesem ländlichen Anwesen zugebracht. Deshalb glaubt sie felsenfest und resolut, mit allem eierlegenden Federvieh genauestens vertraut zu sein, das hier tagtäglich in reger Betriebsamkeit herumwuselt. Aber ein solches Ei, mit dem sie soeben unfreiwillig zusammengetroffen ist, kann sie keinem einzigen der heimischen und ihr bekannten Tiere zuordnen. Sie vermag sich beim besten Willen nicht daran zu erinnern, so ein Ei schon einmal irgendwo gesehen zu haben.

Kurzentschlossen nimmt sie sich vor, das aufdringliche Ei einfach gar nicht weiter zu beachten. Was geht es sie auch letzten Endes an? Die Gänsemutter hat mit ihren eigenen Eiern genug zu tun. Sollen doch die nachlässigen Eltern selbst auf ihren ausgebüxten Nachwuchs aufpassen und sich darum kümmern, dass er nicht unbemerkt abhandenkommt. So, wie es sich für wahrhaftige Eltern gehört! Den Kopf bockig abgewendet, sitzt sie stur auf ihrem Gelege und brütet stillschweigend vor sich hin.

Aber allzu lange hält es Erna nicht aus, dem überraschenderweise zu ihr gerollten Ei keine Aufmerksamkeit zu schenken. Ihren fürsorglichen, mütterlichen Empfindungen geschuldet, verspürt sie ein tiefes Mitgefühl mit dem winzigen Ding, das sich unter der harten Schale verbirgt. Letztendlich steckt auch in diesem Ei genau wie in ihren ein kleines, gebrechliches Wesen, das allein auf der großen weiten Welt ohne elterliches Geleit nicht zurechtkommen wird. Immer wieder schaut Erna flüchtig zur Seite, um besorgt nachzusehen, ob das Ei noch da ist. Dann schweift ihr Blick ungeduldig in die Ferne. Darauf hoffend, dass die besorgten Eltern ihren verloren gegangenen Schützling nach erfolgreicher Suche endlich finden und ihn überglücklich wieder mit nach Hause nehmen würden. Wo auch immer dieses Zuhause sein mag.

Allerdings scheint es leider so, als ob das verwaiste Ei von gar niemandem vermisst wird. Folglich kann natürlich auch keine besorgte Seele auf der Suche nach ihm sein. Als Erna diese traurige Tatsache bewusst wird, reift in der alten rührigen Gänsemutter ein fester Entschluss, den sie auch sogleich in die Tat umsetzt: Beherzt streckt sie ihren Flügel aus, umfasst das fremde Ei vorsichtig und rollt es behutsam unter sich in das wärmende und schutzbietende Lager, in dem sich bereits vier wohlbehütete Gänseeier befinden.

Die stolze Gänsedame Erna hat nun fünf anstatt nur vier Eier in ihrer heimischen Brutstätte liegen, die sie allesamt und ohne Ausnahme mit stetig wachsender Sorgfalt hegt und pflegt. So können die kleinen Tierbabys, eingebettet in ihren dicken Hüllen, tadellos wachsen und gedeihen, bis der Zeitpunkt gekommen ist, die festen Schalenwände zu durchbrechen und naseweis eine neue aufregende Welt zu erkunden.

Die verzögerte Geburt

Nach einigen Tagen der beschaulichen, manchmal auch etwas langweiligen Stille und Entspannung spürt Erna eines sonnigen Morgens mit großer Zufriedenheit, dass etwas Aufregendes unter ihrem gefiederten Körper vonstattengeht.

»Endlich ist es soweit!«, sprudelt es hocherfreut und mit einer Spur der Erleichterung aus ihr heraus. Vor Freude streckt sie sich nach oben und schlägt aufgeregt flatternd mit den Flügeln auf und ab, wobei sie sich im grenzenlosen Freudentaumel unbeabsichtigt leicht vom Boden abhebt. Als sie jedoch erschrocken merkt, dass sie ihre Empfindungen hinterrücks übermannt haben, zwingt sie sich auf der Stelle mit selbst auferlegter Strenge zur umsichtigen Zurückhaltung. Aber wer kann ihr diese kurzzeitige, vulkanartige Explosion der Gefühle wohl verdenken? Auf diesen bedeutsamen Moment hat sie gleichwohl schon lange sehnsüchtig gewartet! Denn das bevorstehende, mit brennendem Verlangen herbeigewünschte Ereignis ist für sie nichts Befremdliches. Im Gegenteil. Sie kennt diese einzigartigen, ergreifenden Empfindungen, die sich nun wie ein wohliger Schauer über sie ergießen, bereits sehr gut. Schließlich durfte sie in der Vergangenheit schon oft an dem unsäglichen Hochgefühl eines beglückenden Kindersegens teilhaben. Aber dennoch ist es für die bereits erfahrene Mutter jedes Mal aufs Neue ein unbeschreiblich rührendes Ereignis, zu erleben, wie sich ihre lieben Kleinen hartnäckig aus den Eierschalen kämpfen, um der sie umgebenden Enge zu entfliehen und in eine neue unbekannte Welt aufzubrechen, die sich ihnen bereitwillig öffnet.

Für Erna, aufgrund ihrer Lebenserfahrung nicht unerwartet, kommt eine sich allmählich steigernde, zappelige Unruhe in das ehemals leblos scheinende Nest. Der fünffache Nachwuchs ist in bemerkenswert kurzer Zeit dermaßen schnell herangewachsen, dass es nun sehr eng wird in den räumlich begrenzten Eiern. Es drängt die aufgeweckten Tierbabys danach, aus der drückenden Beengtheit auszubrechen.

‚Klack', ertönt es leise aus einem der Eier. Fast zeitgleich reißt die Schale auf und ein winzig kleiner Vogelschnabel kommt zum Vorschein. ‚Knack!'. Auch das zweite Ei bricht auf. Und nun geht alles sehr schnell: Wie auf Kommando zerplatzen die Schalen von vier Eiern durch das entschlossene, tatkräftige Vorgehen der darin befindlichen Tierkinder beinahe gleichzeitig, um das kostbare Leben, das sie bisher schützend in ihrer Obhut hielten, freizugeben.

Völlig verängstigt wegen der fremden Umgebung, schnattern die frisch geschlüpften und winzigen Gänseküken, zwischen ihren zerbrochenen, mittlerweile unbrauchbar gewordenen Schalen sitzend, fordernd und klagend in die weite Welt hinaus. Es sind zwei Gänsemädchen und zwei Gänsejungen, wie die stolze Gänsemama Erna glückselig feststellt. Noch sind es klitzekleine, flaumige Geschöpfe. Aber bald schon werden sie zu beachtlichen stattlichen Gänsen im weißen Federkleid herangewachsen sein.

Eigentlich könnte Erna mit ihrem Leben rundum zufrieden sein. Denn ihre aufgeweckten, kerngesunden Kinder sind endlich da! Und in den Augen der vor Liebe entflammten Mutter erscheinen sie als die schönsten und liebreizendsten Gänslein, die zwischen Himmel und Erde zu bewundern sind. Nichts hat sie sich mehr herbeigewünscht als diesen einen unvergesslichen Augenblick!

Aber etwas beunruhigt die alte Gänsedame dennoch und schmälert somit das Hochgefühl der Glückseligkeit: Da ist immer noch jenes Ei, das damals unbeaufsichtigt auf sie zugerollt kam und dem sie sich treu sorgend angenommen hatte, als wäre es ihr eigenes. Es liegt unverändert im Nest und erweckt keineswegs den Anschein, als wollte es in der nächsten Zeit aufbrechen.

»Hoffentlich ist dem Kleinen da drin nichts Schlimmes zugestoßen?«, murmelt Erna bekümmert. Aber ihre Worte verhallen wie

Schall und Rauch bei dem ausgelassenen Lärm, den die vier ungezügelten Gänseküken im wilden Treiben veranstalten. »Ruhe!«, gackert Erna erbost in den tobenden Haufen, so laut sie es mit ihrer Stimme vermag. Tatsächlich tritt auch augenblicklich Ruhe ein. Erstaunt blicken die vier Geschwister ihre verärgerte Mutter schweigend an.

»Macht ihr euch denn überhaupt keine Sorgen um das armselige Geschöpf?«, fragt sie vorwurfsvoll mit längst nicht mehr so strenger Stimme. Denn sie kann ihren geliebten Sprösslingen nicht lange böse sein. Mit dem Schnabel weist sie trübselig in die Richtung des Eies, das wie versteinert und unverändert herumliegt. »Was können wir nur tun…?«, murmelt sie bedrückt.

Erna ist hochgradig verzweifelt. Obgleich es bei ihr sehr selten vorkommt, dass sie einmal unschlüssig ist und überhaupt nicht weiß, was sie tun soll. Meist sind es die anderen Gänse auf dem Bauernhof, die bei ihr Rat suchen und zumeist auch bekommen, wenn sie selbst keinen Ausweg aus ihrer misslichen Lage finden. Sie hat auch keine Zeit mehr, das übrig gebliebene Ei weiterhin auszubrüten. Denn sie muss sich um ihren pünktlich geschlüpften Nachwuchs kümmern, den es nun ganz und gar nicht mehr in dem öden, langweiligen Nest hält. Und so beschließt Erna schweren Herzens, das Ei, das sowieso nicht ihr eigenes ist, seinem Schicksal zu überlassen.

Während sie mit ihrem putzmunteren Nachwuchs lautstark gackernd durch den Bauernhof watschelt, um den anderen Tieren großtuerisch ihre Kinder zu präsentieren, bleibt das fremde Ei ohne einen Hauch von spürbarem Leben einsam und verlassen, von der Ziehmutter einfach aufgegeben, zurück im Nest.

So vergehen einige Tage, ohne dass etwas Besonderes passiert. Doch eines Tages geschieht das Unglaubliche, womit schon fast nicht mehr zu rechnen war: Das verlassene Ei beginnt sich zu bewegen! Langsam kullert es hin und her, mal schnell, mal langsam, mal kreuz und mal quer. Dann bilden sich feine, gezackte Risse in der weißgrauen Schale, welche die Form von gewaltigen Blitzen haben, die man manchmal bei heftigen Gewittern am wolkenverhangenen Himmel sehen kann. Geschwind bricht das Ei mit einem lauten Knacks in der Mitte auseinander.

Das kleine Wesen, das soeben das Licht der Welt erblickt, ist über alle Maßen erstaunt.

»Wo bin ich hier?«, fragt es ängstlich in den stillen Raum. Niemand antwortet ihm. »Mama?«, schaut es sich hilfesuchend um. Seine dünne, belegte Stimme bebt und zittert. Als es enttäuscht feststellen muss, dass es mutterseelenallein ist, kocht ärgerliche Wut in ihm hoch. »Mama, wo bist du?!«, ruft es zornig in die fremde Ferne hinaus. Dann verharrt es eine Weile und lauscht andächtig in die grenzenlose Ruhe. Einige dicke Tränen kullern aus seinen traurigen, mitleidsvollen Augen. Es fühlt sich plötzlich alleingelassen, verstoßen und überdies auch ungeliebt. Wo mag bloß seine Mutter stecken? Warum lässt sie ihren kleinen Sohn im Stich? So etwas tut eine gute Mutter doch nicht! Ist ihr vielleicht gar etwas Schreckliches zugestoßen? Mutlos sackt das winzige Geschöpf zusammen und schläft leise schluchzend ein.

Das Abenteuer beginnt

»Hatschi!« Es sind die lästigen Strahlen der späten Vormittagssonne, die den kleinen, erst am frühen Morgen ausgeschlüpften Winzling frech wecken, bevor der verträumte Schwärmer richtig ausgeschlafen hat. Verwundert blinzelt er gegen das grelle Sonnenlicht. Als ihm bewusst wird, wo er sich befindet, verfinstert sich seine Miene auf der Stelle. Soeben noch trugen ihn seine entzückenden Träume durch eine heile, glückliche Welt. In seiner Fantasie schmiegte er sich an den weichen, wärmenden Körper seiner Mutter, die ihm liebevoll Schutz und Geborgenheit gab. Als er an seine vermisste Mutter denkt, füllen sich seine unschuldigen Augen rasch wieder mit bitteren Tränen der Verzweiflung.

»Mama ...«, nuschelt er weinerlich.

Ein tiefes, lautes Knurren lässt den kleinen traurigen Kerl aufhorchen und die übrigen Sorgen allesamt vergessen. Was ist das? Noch einmal wiederholen sich die beunruhigenden Laute. Entgeistert duckt sich das scheinbare, inzwischen durch den Schreck putzmunter gewordene Opfer Deckung suchend flach auf den Boden. Da stellt es überrascht fest, dass das beängstigende Brummen und Rumoren nunmehr direkt unter ihm ist. Verschreckt schießt es wieder pfeilgeschwind in die Höhe. Und noch einmal rumpelt und gärt es.

»Das bin ja ich!«, platzt der kleine Held unverhohlen heraus, als er erstaunt feststellt, dass die Ursache für das besorgniserregende Grollen bei ihm selbst und niemandem anders zu suchen ist. Forschend schaut er auf seinen Bauch. »Ich habe Hunger!«, bemerkt er schließlich. »Ich brauche etwas zu essen!«

Und so beschließt das elternlose Tierkind, sich allein auf Futtersuche zu begeben. Hurtig verlässt es deshalb das schützende und wärmende Nest, das ihm eine gute Heimstatt war bis zu dem Zeitpunkt des Schlüpfens aus seinem Ei. Aber nun beginnt ein neuer Lebensabschnitt. Alles Gewesene hinter sich lassend, tapst der Kleine, noch recht unbeholfen aber sorglos von dannen. Nicht wissend, welche ungeahnten Gefahren auf ihn warten.

Er ist noch nicht lange unterwegs, da hat er auch schon die erste Begegnung mit einem für ihn fremdartigen Wesen. Ein absonderliches weißes Tier mit langen gebogenen Hörnern und einem zotteligen Kinnbart steht auf einer dürftigen Wiese und zupft unaufhörlich die dürren Grashalme vom Boden ab. Dabei meckert es unzufrieden ohne Unterbrechung mit vollem Maul kauend. Vom quälenden Hunger getrieben und in der sicheren

Gewissheit, das Richtige zu tun, schleicht sich der kleine Schelm leise an sein ahnungsloses Opfer heran und beißt mutig in das knochige Hinterbein des grasenden Tieres.

»Määääh…!« Ein lang gezogener, schmerzverheißender Aufschrei der gepiesackten Ziege ist das Letzte, was unser tapferer Held noch wahrzunehmen vermag. Dann fliegt er im hohen Bogen durch die Luft und knallt mit voller Wucht gegen einen Baum, neben dem er ohnmächtig liegenbleibt. Er hat seine Beute wohl etwas unterschätzt und ist in seiner Unwissenheit vom umtriebigen Jäger selbst zum bezwungenen Opfer geworden.

Währenddessen schüttelt die entrüstete Ziege mürrisch ihr attackiertes Bein aus, mit dem sie den aufdringlichen Angreifer soeben mittels eines ausladenden Trittes schwungvoll davongestoßen hat. Den schwächlichen Biss spürt sie inzwischen kaum noch. Also macht sie sich wieder daran, weiter zu fressen, als wäre nichts geschehen.

In Gewahrsam genommen

»Komm schon, trödle bitte nicht herum, Jonathan!« Der Bauer ist ungehalten. Immer wieder aufs Neue muss er seinen nachlässigen Sohn eindringlich auf dessen Pflichten hinweisen. »Denk bitte dran, du musst noch die Kaninchen ausmisten und füttern!«

»Ja, alles klar!«, antwortet Jonathan genervt. Soeben sind Vater und Sohn völlig verdreckt aus dem Schweinestall gekommen, wo sie die Schweine mit ihren erst vor wenigen Tagen zur Welt gekommenen, ohrenzerreißend quiekenden Ferkeln versorgt haben. Zu allem Überfluss ist auch noch eines der lebhaften Ferkel entwischt, als die Stalltür geöffnet wurde. Als Jonathan es fangen will, rutscht er auf dem glitschigen Boden aus und stürzt der Länge nach in den miefigen, klitschigen Schweinemist. Von oben bis unten besudelt, hat er die Nase gestrichen voll. Zumal die beiden zuvor auf der Pferdekoppel, im Hühner- und Schafstall und auf der Weide bei den Kühen waren, um die Tiere dort zu versorgen.

Manchmal wird Jonathan das alles zu viel. Zumal er sowieso unter keinen Umständen vorhat, wie Mutter und Vater zu leben und einmal ein von täglicher Mühsal geplagter Landwirt zu werden. Obwohl seine Eltern es sehr gern sehen würden, wenn ihr einziger Sprössling den alten Familienbauernhof eines Tages übernimmt und in ihrem Sinne weiterführt. Sie hoffen inständig, dass bei ihm das Interesse für ein Leben in der Landwirtschaft in den nächsten Jahren noch wächst.

Aber Jonathan hat andere Vorstellungen von seiner Zukunft: Er möchte gern als berühmter Paläontologe die noch recht unerforschte Welt der geheimnisvollen Urzeitwesen erforschen. Sein besonderes Interesse gilt dabei den Dinosauriern, die ihn immer wieder tief beeindrucken, wenn er etwas Spannendes über sie liest oder einen wissenswerten Film sieht. Für seine anspruchsvollen Pläne lernt er fleißig und zielstrebig in der Schule, sodass er mittlerweile zu den besten Schülern seiner Klasse gehört. Denn er weiß, dass er gute Noten und ein umfangreiches Wissen benötigt, um sein lebensbestimmendes Vorhaben verwirklichen zu können. Da er jedoch noch ein Kind ist, rücken seine Zukunftsträume ohne Frage in weite Ferne, weil er zu seinem Leidwesen das tun muss, was er von seinen Eltern aufgetragen bekommt. Und das hat mit Urzeitforschung rein gar nichts zu tun. Also heißt es, sich in Geduld zu üben und zu warten, bis die Zeit herangereift ist, um eigene Entscheidungen treffen zu dürfen.

Lustlos schnappt sich Jonathan im Vorbeigehen ein Bündel Stroh als Bodenstreu und schlurft schlaksig in die Richtung des Kaninchenstalls. Er zieht den Strohballen lässig neben sich auf dem Boden her, anstatt ihn zu tragen. Dieses von Gleichgültigkeit und Müßiggang geprägte Fehlverhalten wird ihm sogleich zum Verhängnis: Durch das Schleifen des Strohs auf der unwegsamen Erde löst sich das Gebinde, das Stroh fällt auseinander und verteilt sich großflächig zu Jonathans Füßen.

»Verdammt«, flucht der verärgerte Junge. »So ein Mist!« Wutschnaubend beugt er sich nach unten, um das verstreute Stroh mit beiden Händen wieder zusammenzukratzen. Er weiß, dass es nun noch etwas länger dauern wird, bis er mit seiner Arbeit fertig ist. Als er sein Strohbündel endlich beisammen hat, sucht er beflissen nach dem verloren gegangenen Strick, dem er die alleinige Schuld an dem leidlichen Elend gibt, um ihn wieder fest darumzubinden und dem Ganzen einen beständigen Halt zu geben.

»Was ... was ist denn das?« Jonathans Suche nach der Schnur ist zwar erfolgreich, doch just in dem Moment, als er danach greifen will, sieht er etwas Seltsames neben dem uralten Eichenbaum liegen, vor dem er gerade steht. Er schaut genauer hin.

»Das ... kann doch nicht ... wahr sein!«, stammelt er verwirrt. »Das sieht ja aus wie ein kleiner *Dinosaurier*!« Jonathans Herz schlägt Purzelbäume. Der konfuse Junge kann es kaum glauben. Sein Verstand sagt ihm zwar, dass es Dinosaurier schon lange nicht mehr gibt. Aber diese kleine Kreatur, die da wie leblos auf der Erde liegt, sieht trotzdem genauso aus wie ein echter Dino! Jonathan überlegt nicht lange. Entschlossen nimmt er das unbekannte Wesen auf und bettet es vorsichtig in das Stroh, um es zu verstecken. Dann macht er sich eiligst auf den Weg, um die Kaninchen zu versorgen, die bereits ungeduldig auf ihn warten.

Als Jonathan seine ihm aufgetragenen Arbeiten in getriebener Eile erledigt hat, schleicht er sich unbemerkt in sein Zimmer. Unter seiner Jacke verborgen, für Außenstehende nicht im Geringsten erkennbar, befindet sich wohlbehütet ein kleines einsames Dinosaurierbaby.

»Na, du kleiner Dino, bist du endlich aufgewacht?« Jonathans tröstende und zugleich hocherfreute Stimme ist das Erste, was das winzige Saurierkind nach seiner langen, tiefen Ohnmacht zu hören bekommt. Mit großen dunklen Augen blickt es sich neugierig um.

»Du musst keine Angst haben. Jetzt wird alles gut«, redet Jonathan beruhigend auf sein neues Haustier ein, das vor Furcht zittert wie Espenlaub. Besitzergreifend und vom unaufhaltsamen Forscherdrang getrieben, hat der Junge das fremdartige Geschöpf in einen geräumigen Meerschweinchenkäfig gesperrt, den er extra aus der hintersten Ecke des Kellers geholt und neu aufpoliert hat. Seine drei Meerschweinchen, die einst darin wohnten, gibt es bereits seit zwei Jahren nicht mehr. »Ich habe dir auch schon einen Namen ausgesucht. Du sollst ‚Gildo‘ heißen!«

Auf einen kleinen Holzspieß aufgesteckt, schiebt Jonathan, gespannt auf das Kommende, ein Bröckchen rohes Fleisch zwischen den Gitterstäben hindurch. Mit ungeahnter Wildheit und gefährlich knurrend, stürzt sich der hungrige Käfiginsasse gefräßig darauf. Er lässt nicht das kleinste Krümelchen übrig. Jonathan strahlt vor Aufregung wie ein Honigkuchenpferd.

»Habe ich also doch recht mit meiner Vermutung: Du bist ein Fleischfresser! Stimmt's? Aber wie kommst du hierher?«, fragt er dann nachdenklich. »Eigentlich müsstet ihr doch alle schon längst ausgestorben sein.«

Die folgenden Tage verlaufen für den kleinen Dinosaurier Gildo trist und öde. Zwar wird er von Jonathan sorgsam gehegt und gepflegt. Aber dennoch ist er bedauerlicherweise eingesperrt und ein graues Dasein in langweiliger Gefangenschaft ist nun einmal nicht zu vergleichen mit dem strahlendbunten Lebensgefühl in der grenzenlosen Freiheit. Jonathan hingegen zeigt sich überglücklich. Schließlich kennt er sonst keinen einzigen Menschen auf der ganzen Welt, der einen echten Dinosaurier sein Eigen nennen darf. Wenngleich er bisher niemandem etwas von seinem außergewöhnlichen Fund berichtet hat. Aus Angst, man könnte ihm seinen neuen Gefährten wegnehmen und ihn vielleicht sogar für Forschungszwecke verwenden.

Jeden Morgen, nachdem Jonathan aufgestanden ist, sieht er zuallererst fürsorglich nach seinem schnell heranwachsenden Schützling. Er füttert ihn mehrmals am Tag reichlich mit rohen Fleischhäppchen. Einmal versucht er sogar, dem nimmersatten Dinokind vom Mittagessen übrig gebliebenes, gut durchgebratenes Fleisch anzupreisen. Aber das lässt der anspruchsvolle Feinschmecker einfach unbeachtet liegen. Schließlich fressen Raubdinosaurier kein vom Menschen zubereitetes Fleisch. Manchmal, wenn es Jonathans Zeit nach der Schule und nach den täglichen Pflichten zu Hause erlaubt, geht er heimlich auf die Pirsch, um

Fliegen, Spinnen, Käfer, Würmer und sonstiges fliegendes, krabbelndes oder kriechendes Getier zu fangen, damit er es Gildo als lebendige, willkommene Abwechslung anbieten kann. Begierig fällt die unersättliche Fressmaschine jedes Mal hemmungslos über seine Beute her und verschlingt sie unbezähmbar fauchend und grollend.

Auch wenn der kleine Bursche dem ersten Anschein nach noch so liebenswert herüberkommt und vor dem ahnungslosen Betrachter lammfromm erscheinen mag, so ist Gildo doch ein angriffswütiges und zugleich unberechenbares Raubtier, das man nicht unterschätzen und mit dem zu spaßen man sich ernsthaft überlegen sollte. Das kann Jonathan auch selbst einmal am eigenen Leibe spüren, als er die übliche Mahlzeit nicht wie gewöhnlich auf einem Holzspieß aufgesteckt serviert. Stattdessen hält er die Nahrung einfach leichtsinnig zwischen Daumen und Zeigefinger fest und führt sie selbstbewusst ohne Schutz in Richtung des Käfiginneren. Er vertraut Gildo. Denn er glaubt, dass sich die beiden inzwischen lange genug kennen, um ihre Freundschaft besiegeln zu können. Blitzschnell schießt Gildo auf Jonathans Hand zu und reißt ihm den Fleischbrocken rücksichtslos aus den Fingern.

»Au!«, schreit der schmerzgeplagte Junge mit Tränen in den Augen laut auf und zieht erschrocken mit hochrotem Gesicht seine zitternde Hand zurück. »Du undankbares Biest!«, zetert er jammernd. Blut schießt aus seinem Finger, denn Gildos messerscharfe Zähne haben ganze Arbeit geleistet. Der kleine Dino hingegen ist rundum zufrieden. Für ihn ist die Welt in Ordnung. In der hintersten Käfigecke kauernd, verschlingt er eiligst seine tapfer erkämpfte Beute, die ihm in diesem Moment mehr bedeutet als alles andere.

Nach diesem schmerzlichen und zugleich auch frustrierenden Ereignis festigt sich in Jonathan der Gedanke, dass Gildo bedauerlicherweise für immer ein wildes, unberechenbares Tier bleiben wird, dessen zügellose Handlungen nicht vorhersehbar und überdies auch höchst gefahrbringend sind. Ihn zu zähmen und somit zu einem zutraulichen Haustier zu machen, wie man es von Hund und Katze kennt, scheint auch in der Zukunft unmöglich. Aber trotz alledem hegt und umsorgt der rührige Junge seinen kleinen Schützling mit großer Hingabe, damit dieser ungestört wachsen und gedeihen kann. Aber stets mit sicherem Abstand und der gebotenen Vorsicht.

Die Flucht in die Freiheit

Gildo ist mit seinem monotonen Leben hinter den freiheitsraubenden, für ihn undurchdringbaren Gitterstäben zutiefst unzufrieden. Jeden Tag nur gelangweilt in diesem mittlerweile ziemlich eng gewordenen Käfig herumsitzen, das übermäßige Fressen verschwenderisch ins Maul geschoben bekommen und ansonsten auf der faulen Haut liegen und gar nichts tun, macht ihn extrem trübsinnig. Das einzige lebendige Wesen, das ihn regelmäßig besucht und ihn mehr als ausreichend mit üppiger Nahrung vollstopft, ist dieser seltsame Zweibeiner namens Mensch, dem er sein unliebsames Leben in Gefangenschaft zu verdanken hat.

Inzwischen ist Gildo aber schnell aus seinem Baby- und Kleinkindgewand herausgewachsen und als nunmehr junger Raubdinosaurier von der Größe eines ausgewachsenen Kaninchens bereit, leibhaftig den reizvollen Nervenkitzel gefahrvoller

Abenteuer zu erleben. Der verlockende Ruf der grenzenlosen Freiheit hat ihn wie ein Blitz aus heiterem Himmel heimgesucht und eine quälende Sehnsucht nach einem anderen, ausfüllenden Leben in ihm geweckt. Er möchte eigene Jagdgebiete einnehmen und allein für sich entscheiden können, was als Nächstes zu tun ist. Es liegt ihm im Blut, unentwegt durch die unbekannte Natur zu streifen und die unerforschten Gebiete um sich herum zu erobern.

Eines Tages beschließt Gildo kurzerhand, sein bisheriges Leben hinter sich zu lassen und neue, unbekannte Wege zu gehen. Er will einfach der tristen Eintönigkeit, die ihn unerbittlich gefangen hält, mit allen Mitteln entfliehen. Denn er spürt, dass das Leben noch viele ungeahnte Überraschungen für ihn bereithält.

Jonathan ist gerade mit der täglichen Reinigung des Dinokäfigs beschäftigt. Dazu streift er sich neuerdings sicherheitshalber immer ein Paar dicke Handschuhe über, um auf mögliche Überraschungsangriffe von Gildo vorbereitet zu sein. Obgleich der Dino von Anfang an keinen Bezug zu seinem umsichtigen Betreuer findet, ist er in letzter Zeit ihm gegenüber noch grantiger und angriffslustiger geworden. Dass Dinos und Menschen niemals Freunde sein können, weil sie sich einfach nicht verstehen, ist eine wichtige Erkenntnis, die Jonathan inzwischen gewonnen hat und von deren Richtigkeit er felsenfest überzeugt ist. Aber andererseits denkt er, ist er wahrscheinlich sowieso der einzige Mensch, der jemals einen lebendigen Dinosaurier zu Gesicht bekommen hat. Und dass in Zukunft außer ihm irgendjemand die Bekanntschaft mit einem derartigen Urzeitwesen macht, ist kaum anzunehmen. Also kann es den Menschen und ihrer Nachwelt demzufolge vollkommen egal sein, ob sich Dinos und Menschen verstehen oder nicht.

Eifrig fegt der geschäftige Junge den Dreck vom verschmutzten Boden zusammen. Gildo wird dabei immer in die hinterste Ecke gedrängt, damit er nicht stört oder in seiner ungestümen Art gar Unheil anrichtet. Er kennt die Prozedur bereits zur Genüge, da sie mit wenigen Ausnahmen Tag für Tag auf die gleiche Art und Weise vonstattengeht. Und jedes Mal weicht Gildo der Gewalt freiwillig aus und verkriecht sich ergeben, um einfach seine Ruhe zu haben.

»Na, du Dreckspatz!«, schimpft Jonathan scherzhaft über den Zustand von Gildos Unterkunft. »Du hast wieder mal ganz ordentlich gewütet. Das sieht ja fast so liederlich aus wie in unserem Schweinestall! ... « Der redselige Junge quasselt unaufhörlich auf Gildo ein und verrichtet dabei beiläufig und ohne zu überlegen seine eintönige Arbeit, die ihm längst in Fleisch und Blut übergegangen ist. Wenn er wüsste, was gerade in Gildos Kopf vorgeht, wäre er mit Sicherheit viel aufmerksamer. Denn das Unheil ist nicht weit.

Schwups! - ehe er sich besinnt, spürt Jonathan einen leichten, lauen Windhauch zwischen seinen Armen hindurchfegen. Etwas Befremdliches streift seine Ärmel. Der überraschte Junge zuckt spontan zusammen. Gänsehaut überzieht seinen Körper. Was ist das? Ohne weiter darüber nachzudenken, schließt er augenblicklich die geöffneten Arme und führt beide Hände zusammen. Dann erst beginnt er gleichwohl wieder zu denken und erkennt schockiert, was geschehen ist. Seine Hände, die darauf programmiert sind, entschlossen zuzupacken, greifen ins Leere. Jonathan blickt sich entgeistert um. Der Käfig ist leer!

»Gildo?«, presst er unsicher mit leise bebender Stimme hervor. »Gildo!« Sein Ruf wird lauter. »Gildo!«, schreit er nun ohrenbetäubend in den Raum.

»Alles in Ordnung?«, fragt seine besorgte Mutter unter sachtem Anklopfen durch die geschlossene Zimmertür.

Jonathan erschrickt.

»Ja«, antwortet er rasch. »Ich ... ich ... übe nur für ein Rollenspiel, das wir für die Schule brauchen«, stammelt er verwirrt. Es kommt zwar recht selten vor, dass Jonathan lügt, aber dieses Mal ist er heilfroh darüber, sofort eine glaubwürdige Ausrede parat zu haben, die sein lautstarkes Rufen rechtfertigt.

»In Ordnung«, antwortet seine Mutter beruhigt. »Aber sei bitte nicht ganz so laut, wenn es geht. Dein Vater hat sich für eine halbe Stunde hingelegt.«

»Ist gut!« Als er merkt, dass sich die Mutter wieder eiligen Schrittes entfernt, besinnt sich der Junge erneut auf die brenzlige Lage, in der er sich befindet. Aufgewühlt durchsucht er das Zimmer. Er ärgert sich maßlos über sein leichtsinniges Verhalten. Hätte er nur etwas besser aufgepasst, dann wäre der ganze Schlamassel überhaupt nicht passiert. Er durchwühlt alle Schränke, durchstöbert jede Ecke und jeden Winkel, kriecht unter sämtliche Möbelstücke. Nichts! Keine Spur von dem entflohenen Ausreißer. Jonathans Enttäuschung wächst zusehends. Gildo muss noch im Zimmer sein. Schließlich hat er bisher nicht die geringste Möglichkeit gehabt, ungesehen nach draußen zu gelangen. Auf gar keinen Fall darf ein Fenster oder eine Tür geöffnet werden, kommt es dem besorgten Jungen sofort in den Sinn. Solange sich der Flüchtling noch im Raum befindet, ist nichts verloren!

»Jonathan!«, ruft der Vater aus der Küche. »Kommst du bitte zum Essen!«

»Ja, sofort«, antwortet der Sohn angespannt, aber wie es sich gehört. Die zwingende Aufforderung zum Abendessen kommt ihm jetzt allerdings sehr ungelegen. Brummig nimmt er den leeren Käfig und schiebt ihn weit nach hinten unter das Bett, um ihn vor den nichts ahnenden Eltern zu verstecken. So, wie er es auch immer getan hat, als Gildo sich noch in seiner Zwangsbehausung befand. Dann öffnet er vorsichtig die Zimmertür einen Spaltbreit, damit er gerade so hindurchschlüpfen kann. Aufmerksam mustert er dabei jeden Zentimeter des Fußbodens, um zu sehen, ob Gildo nicht versucht, mit ihm den Raum zu verlassen. Unverzüglich schließt er die Tür wieder hinter sich. Geschafft! Er nimmt sich fest vor, die Mahlzeit zügig einzunehmen, um seine hoffentlich erfolgreiche Suche anschließend fortsetzen zu können. Aber bevor Jonathan sein Zimmer wieder betritt, nutzt seine Mutter die seltene Gelegenheit, den stickigen Raum gründlich durchzulüften.

»Wieder so ein unausstehlicher Mief«, stellt sie kopfschüttelnd fest, als sie die Tür öffnet und eintritt. »Wie der Junge sich da nur wohlfühlen kann.« Sie ahnt ja nicht, dass es die Ausdünstungen eines kleinen Dinosauriers sind, die bleischwer in der Luft stehen. Entschlossen geht sie zum Fenster, öffnet es weit und atmet tief durch, um ihre Lungen wieder mit frischer Atemluft zu versorgen. Dann verlässt sie zufrieden den Raum und schließt die Tür hinter sich.

In Jonathans Kinderzimmer herrscht für einen Augenblick Totenstille. Nichts regt oder bewegt sich. Kein noch so kleiner Laut ist zu vernehmen. Doch plötzlich kommt wie aus heiterem Himmel Bewegung ins eintönige Spiel: Aus einer Ecke sind zunächst ein leises Knacken und ein kaum hörbares Rascheln zu vernehmen. Dann folgen träge, tapsige Schritte. Ein kleiner Dinosaurier kriecht, vom hellen Tageslicht geblendet, blinzelnd aus seinem düsteren doch sicheren Versteck aus der Dunkelheit hervor, sieht sich misstrauisch um und stellt zufrieden fest, dass die Luft rein ist und er sich mutterseelenallein im Raum befindet. Mit ungeahnter Schnelligkeit rast er entschlossen auf das geöffnete Fenster zu und springt mit einem gekonnten Satz hinaus in die lang ersehnte Freiheit.

Endlich frei

»Endlich! Ich bin frei!«, jauchzt Gildo überglücklich. Der kleine Dinosaurier ist ungemein hingerissen von der aufregenden Welt, die ihn umgibt. Er schaut sich freudestrahlend um. Es gibt keine begrenzenden Gitterstäbe mehr, die ihn daran hindern, sich zwanglos und ungezwungen zu bewegen. Nunmehr steht es ihm nach Belieben frei, dahin zu laufen, wo ihn die unermessliche Neugier hinzieht.

Und schon beschließt der unverfrorene Abenteurer, keine unnötige Zeit verstreichen zu lassen. Letztendlich hat er sehr viel nachzuholen, um all das kennenzulernen, was ihm während der langen Zeit in Gefangenschaft nicht vergönnt war. Schnurstracks macht er sich wacker auf den Weg, um die ihm noch fremde Umgebung zu erkunden.

Zunächst hastet er einfach planlos geradeaus. Er kämpft sich durch eine unwegsame Wiese, auf der das Gras ziemlich hoch gewachsen ist und das Laufen somit unangenehm beschwerlich macht. Er muss sich ziemlich anstrengen, um voranzukommen. Auf einmal bleibt er überraschend stehen. Er hebt den Kopf in die Höhe und nimmt instinktiv mit der feinsinnigen Nase Witterung auf. Gildo erschnüffelt einen ihm bekannten Geruch, weiß aber nicht sofort, wo er diesen Geruch in der Vergangenheit schon einmal wahrgenommen hat. Angestrengt versucht er sich zu erinnern. Plötzlich verfinstern sich seine Züge. Ein tiefes, furchteinflößendes Grollen entweicht seinem bebenden Körper. Das wilde Tier in ihm erwacht. Er entsinnt sich darauf, wie er als winziges, hilfloses Dinobaby von einem scheußlichen Ungetüm dermaßen getreten worden war, dass er durch die Wucht hochkantig gegen einen Baumstamm krachte und dort breit wie eine Flunder ohnmächtig liegenblieb. Genau denselben Gestank, der sich jetzt beißend in seiner Nase festgesetzt hat, hatte dieses boshafte Wesen damals anhaltend verbreitet.

Erbitterte Wut und feindseliger Hass, gepaart mit einer Riesenportion Rachegelüsten, steigen in Gildo auf. Aber auch eine angeborene Vorsicht. Nicht wissend, ob er den mächtigen Feind bezwingen kann und rückblickend auf das unsägliche Leid, welches er ihm in der Vergangenheit mit großer Überlegenheit zugefügt hat, entschließt sich der kleine Dinosaurier, den Weg der Besonnenheit zu gehen. Er wendet den Blick, macht eine rasante Kehrtwendung und marschiert beherzt in die entgegengesetzte Richtung. Weit entfernt hört er das allmählich abklingende, zänkische Meckern der Ziege, die zu ihrem Glück gerade noch einmal davongekommen ist. Denn diesmal wäre die Begegnung zwischen den beiden sicher anders ausgegangen, weil Gildo zwischenzeitlich herangewachsen und somit zu einem ernstzunehmenden Gegner geworden ist.

Gildo marschiert indes unbeirrt weiter. Längst hat er die griesgrämige Ziege, die sich in seinem Gedächtnis des schrecklichen Kindheitserlebnisses wegen als unnahbarer Feind fest eingeprägt hat, vergessen. Es sind so viele neue Eindrücke, die pausenlos auf ihn einströmen, dass sich seine Gedankenwelt karussellartig wie im Kreis dreht. Alles, was er sieht, hört oder riecht, versucht er peinlich streng einzuordnen. Denn für ihn ist es außerordentlich wichtig, ob er es mit einem Freund oder Feind zu tun hat. Davon hängt im Ernstfall sein Leben ab.

Der fast ausgewachsene Dinojunge Gildo, der nunmehr ein jugendliches Alter erreicht hat, gehört zu den kleineren Raubdinosauriern. Er hat bisher die stattliche Größe eines kleinen Hundes erreicht, und viel größer wird er wohl auch nicht werden. Wenn man bedenkt, dass er einst ausreichend Platz in einem Ei von der Größe eines Gänseeies gefunden hatte, kann man doch bemerken, dass er in kurzer Zeit immens gewachsen ist. Nicht zuletzt des guten und reichhaltigen Futters wegen, mit dem er immerfort von Jonathan versorgt wurde. Wenn er von Anfang an in Freiheit aufgewachsen und für die Futterbeschaffung selbst verantwortlich gewesen wäre, hätte seine Entwicklung wahrscheinlich nicht dermaßen schnelle Schritte nach vorn gemacht.

Aufgrund seiner angepassten Größe fällt es ihm leicht, sich in seiner Umgebung geschickt zurechtzufinden und ohne Aufsehen durch die Landschaft zu streifen. Und das tut er mit größter Wachsamkeit und Hingabe. Einem imposanten Dinosaurier hingegen, der in Höhe und Länge einen Bus oder gar ein Haus zu überragen vermochte, wäre es nahezu unmöglich, in der heutigen Welt unbemerkt zu bleiben.

Achtsam und mit außergewöhnlicher Vorsicht durchwandert Gildo neugierig das ihm bisher verborgen gebliebene, unbekannte Territorium. Dabei nähert er sich ungewollt Schritt für Schritt jenem belebten Gebiet des Bauernhofes, in dem die meisten Tiere untergebracht sind. Auf einmal dringen aus nächster Nähe ihm wohlbekannte Laute in seine Ohren, die sofort sein

uneingeschränktes Interesse wecken und besinnliche Kindheits-
erinnerungen wachrütteln.

Die Begegnung mit der Ersatzfamilie

»Achtung! Alle Gänsekinder in einer Reihe aufstellen!« Erna hat
ihren Nachwuchs wie immer fest im Griff. Die einst klitzekleinen
Gänslein, die mittlerweile ebenso wie Gildo zu stattlichen Ver-
tretern ihrer Art herangewachsen sind, müssen zu ihrem Leidwesen unter der strengen Autorität der gebieterischen Mutter
immer noch genauso spuren wie zu jener Zeit unmittelbar nach
ihrer Geburt. Schnurstracks folgen sie den ausdrücklichen An-
weisungen und stellen sich gehorsam wie die Soldaten in Reih
und Glied auf. Sie kennen es nicht anders.

»Achtung! Alle Gänsekinder folgen mir zum Futterplatz!« Und
schon geht es los. Angeführt von Erna, der Gänsemutter, mar-
schieren fünf Gänse diszipliniert in einer Reihe ihrem vorbe-
stimmten Ziel entgegen. Außer einem leisen Schnattern, das den
Gänsen nun einmal eigen und durch nichts und niemanden ab-
zustellen ist, traut sich keines der Gänsekinder Lissi, Mimi, Lars
und Anton irgendetwas zu tun, was ihre Mutter verärgern
könnte.

Hinter einem großen Stein versteckt, beobachtet Gildo verträumt das rege Treiben der lebendigen Gänseschar. Ein Gefühl
der innigen Vertrautheit umgibt ihn und lässt ihn nicht mehr los.
Das aufgeregte Geschnatter der herrschsüchtigen Gänsemutter
weckt in ihm warmherzige Erinnerungen aus weit zurückliegenden Tagen, als er noch unschuldig zusammengekauert in seinem

Ei lag und die schützende Körperwärme von Erna empfing, die ihn fürsorglich wie seine richtige Mutter umsorgt hat.

»Mama«, wispert Gildo kaum hörbar mit weinerlicher Miene in sich hinein. Obgleich er weiß, dass Erna nicht seine leibhaftige Mutter ist, hegt er jedoch ähnliche Gefühle für sie. Schließlich durfte er seine wahren Eltern nie kennenlernen. Die einzige Elternliebe, die er je empfing, war die, die Erna ihm seinerzeit ehrlichen Herzens mit großer Hingabe schenkte.

Gildo zittert vor Anspannung. Schließlich hält er es nicht mehr aus. Mit verhaltenem Atem springt er hinter dem Stein hervor und gibt sich freudig zu erkennen. Erwartungsvoll trippelt er zuversichtlich auf das Federvieh zu, in der Hoffnung, dass ihn die einstige Ziehmutter nebst Kindern als wohlbekannten Vertrauten in ihre familiären Reihen aufnehmen. Aber was ist das? Aufgescheucht flattern die bangen Gänse in wildem Getöse verängstigt umher. Sie schimpfen mit lang ausgestreckten Hälsen laut gackernd und heftig mit den Flügeln schlagend. Sie schreien um ihr Leben.

»Grrrrr …«, knurrt es plötzlich besorgniserregend hinter Gildo. Der kleine Saurier dreht sich erschrocken um. Vor ihm steht in bedrohlicher Haltung der alte, zottelige Hofhund Artus. Artus ist der unerschrockene und treue Wächter des bäuerlichen Anwesens und zugleich der zuverlässige Beschützer aller Tiere, die auf dem Hof leben. Als er das angstvolle Geschrei des Federviehs wahrnimmt, kommt er sofort angerannt, um seinen bedrohten Schützlingen helfend zur Seite zu stehen.

Zähnefletschend steht Artus Gildo gegenüber. Bereit, den unbekannten Fremdling entschieden in die Schranken zu weisen und ihn mit Schimpf und Schande vom Hof zu vertreiben – wenn nötig mit brachialer Gewalt. Schließlich hat der fremde

Unruhestifter hier in seinem Revier nichts zu suchen. Gildo hingegen ist völlig konfus. Er versteht die ganze Aufregung nicht. Er will doch nur Erna und ihre vier Kinder begrüßen. Und nun wird er von dieser rabiaten Bestie dermaßen bedroht, dass er um Leib und Leben fürchten muss. Vor Schreck duckt sich Gildo flach auf den Boden.

»Verschwinde von hier!«, grollt Artus drohend mit furchteinflößender Stimme. »Wer auch immer du bist, du hast hier nichts verloren!«

Gildo blickt demütig zu seinem Gegenüber auf. Der übel gelaunte Hund ist viel größer als er, und es hat den untrüglichen Anschein, dass er auch wesentlich stärker ist. Sich mit ihm anzulegen, könnte sich als fataler Fehler erweisen.

Gildo ist in der körperlichen Auseinandersetzung mit anderen noch vollkommen unerfahren. Bisher hatte er keinerlei Möglichkeiten, sich im Zweikampf mit ebenbürtigen Rivalen zu messen. Denn in der Gefangenschaft bei den Menschen musste er sich mit niemandem anlegen. Er bekam damals alles, was er brauchte, direkt vor die Nase gesetzt. Somit kann er kaum einschätzen, ob er diesen wohl ernstzunehmenden Gegner im Zweikampf bezwingen kann oder ob er eine bittere Niederlage erleidet, die vielleicht mit schweren Verletzungen oder gar mit dem sicheren Tod endet. Er wagt noch einmal einen flüchtigen Blick zur Gänsefamilie, die inzwischen dabei ist, eiligst die Flucht zu ergreifen. Diesmal jedoch schreiten die Gänse nicht wie gewöhnlich in wohlgeordneter Marschordnung unter dem strengen Kommando des Familienoberhauptes Erna von dannen. Stattdessen schwärmen sie lautstark krakeelend und panisch mit den Schwingen auf und ab flatternd in alle Richtungen aus. Jede einzelne von ihnen darauf bedacht, sich in behütete Sicherheit zu bringen und damit ihr eigenes Leben zu retten. Erna hat der chaotischen Lage wegen das erste Mal in ihrem Leben die Kontrolle verloren.

Gildo versteht. Die Gänsefamilie erkennt ihn nicht, weil er nicht so aussieht wie sie. Weil er sich nicht so watschelnd bewegt, nicht unentwegt schnattert. Eben, weil er ganz und gar anders ist. Dabei sind die Gänse die einzigen Tiere auf dem großen Bauernhof, bei denen er ein seelentiefes Gefühl der innigen Vertrautheit empfindet. Eine tonnenschwere Last der Enttäuschung bestimmt Gildos wankendes Gemüt, als sich seine einstige Pflegemutter nebst Stiefgeschwistern gefühlskalt von ihm abwenden. Plötzlich wird ihm klar, dass er allein ist, mutterseelenallein.

Aber viel Zeit zum Ausleben des zermürbenden Selbstmitleides, das ihm gegenwärtig vor Kummer fast den Atem raubt, bleibt dem vom Leid geplagten Geschöpf nicht. Denn immer noch hat er den hünenhaften Hofhund Artus vor sich, der bislang wie ein uneinnehmbarer Fels in der Brandung in drohender Haltung vor ihm steht und ihn somit unweigerlich daran hindert, den davongelaufenen Gänsen doch noch zu folgen. Bereit, sich sofort auf den Feind zu stürzen, wenn er es wagen sollte, eine falsche Bewegung nach vorn zu tun. Gildo ist sich der unheildrohenden Gefahr bewusst, in der er sich bedauerlicherweise befindet. Immer noch flach auf dem Boden geduckt, kriecht er im Schneckentempo rückwärts, um sich ganz langsam von seinem Widersacher zu entfernen. Dabei lässt er das riesige, zottelige Ungetüm nicht aus den Augen. Gelegentlich entfährt ihm ein leises, gedämpftes Knurren. Es liegt ihm im Blut, sich so zu verhalten, denn diese Eigenschaft ist ihm angeboren. Damit will er Artus zu verstehen geben, dass er sich nicht widerstandslos ergeben wird, sollte es zum ungleichen Kampf kommen. Denn schließlich ist er ein unbezähmbares Raubtier, wenngleich auch nur ein kleines.

Allmählich vergrößert sich der Abstand zwischen dem alteingesessenen Wächter über Haus und Hof und dem ungebetenen Gast. Als die Entfernung groß genug ist, um sich in Sicherheit zu wiegen, erhebt sich der kleine Dino postwendend. Er dreht sich behände um und hastet so schnell er kann davon. An einer dicht bewachsenen Hecke angekommen, macht er schließlich Halt, um sich hinter dem Gestrüpp aus Ästen und Blättern Schutz suchend zu verbergen. Er kann nicht mehr. Schwer atmend und mit vor Anstrengung stechendem Herzen lauscht er gespannt in die schweigsame Stille. Nichts. Artus ist ihm gottseidank nicht gefolgt.

Sich in sicherer Obhut wissend, seufzt Gildo erleichtert: »Endlich! Das wäre geschafft!« Er fühlt sich vor Erschöpfung wie gerädert. Sogleich sackt er ermüdet zusammen und schläft unter dem gleichmäßigen, beruhigenden Rhythmus eines leisen, grunzenden Schnarchens entkräftet ein. Begleitet wird der selige Schläfer von unzähligen Gedanken, die in seinem verwirrten Kopf kreisen und die ihn nicht mehr loszulassen scheinen. Schließlich verliert er sich in einer endlosen Wolke aus schwärmerischen Träumereien.

In seiner Fantasie läuft wie in einem spannenden Film sein gesamtes bisheriges Leben an ihm vorüber: Er rollt in einer schützenden Eihülle in ein Gänsenest, empfängt die lebensspendende Körperwärme der Gänsemutter Erna, schlüpft aus dem Ei, gerät mit einer zänkischen Ziege in Konflikt, die ihn geradewegs k. o. tritt, wird von einem Menschen gefangen genommen und eingesperrt, flieht hinaus in die Freiheit und trifft seine einstige Gänsefamilie wieder, die ihn wie einen Fremden feindselig ablehnt. Das Gefühl einer bohrenden Sehnsucht nimmt von ihm Besitz und hält ihn eisern fest. Er fühlt sich einsam und alleingelassen.

»Mama, Papa, wo seid ihr?« Die Worte rieseln im Tiefschlaf wie Seifenblasen aus seinem Mund und verhallen in der unendlichen Weite der Natur wie Schall und Rauch. Sie drücken seine nicht ausgelebten Gefühle und seine begehrlich ersehnten Gedanken aus, die ihn einer qualvollen Folter gleich fest umklammern. Schmerzliche Tränen des nimmersatten Verlangens nach herzlicher Zuneigung quellen aus seinen geschlossenen Augenlidern. Kummer und Gram machen sich in seinem leidgeplagten Herzen breit. Er verspürt eine unstillbare Sehnsucht nach seinen verlorenen Eltern und nach einem Zuhause, das ihm Wärme und Geborgenheit spendet.

Der neue Freund

Gildo öffnet verschlafen die müden Sehschlitze und blinzelt angestrengt in das grelle Sonnenlicht. Seine schlaftrunkenen Augen sind noch ein bisschen verklebt von den Tränen, die er im Schlaf vergossen hat und die mittlerweile längst getrocknet sind. Ungeschickt stellt er sich auf die wackeligen Beine und schüttelt sein müdes Haupt, wobei ihm etwas schwindelig wird und er deshalb leicht ins Straucheln gerät.

»He, was soll das?«, ruft er empört und schaut entrüstet nach oben. »Müsst ihr so einen fürchterlichen Lärm machen?«

Die beiden lebhaften Singvögel, denen die scheltende Rüge gilt, nehmen keinerlei Notiz von dem kleinen Dino, der von oben viel winziger aussieht, als er in Wirklichkeit ist. Sie schwirren laut zwitschernd durch die Luft und vergnügen sich unbefangen und fröhlich miteinander.

Gildo wendet sich verärgert von dem ausgelassenen Vogelpaar ab und tapst träge davon. Als er vor einer kleinen Pfütze steht, beschaut er sein Antlitz im Spiegelbild des klaren Wassers. Beim Anblick seiner unausgeschlafenen und mürrischen Miene muss er plötzlich wie aus heiterem Himmel herzhaft loslachen. Er jauchzt und kreischt lauthals vor Wollust. Verspielt macht er immer wieder unterschiedliche Grimassen, die sein Gesicht fratzenhaft entstellen und ihn in einem fort anders aussehen lassen. Neugierig lässt er sein Abbild abwechselnd mal lustig, mal traurig, mal schön, mal hässlich, mal stolz und mal bescheiden erscheinen. Dann bäumt er sich, vom zügellosen Übermut getrieben, entschlossen auf die Hinterbeine, springt kraftvoll ab und klatscht mit voller Wucht der Länge nach in die heftig aufspritzende Wasserlache. Er wälzt sich vergnüglich quiekend wie ein kleines Schweinchen in dem erfrischenden kühlen Nass, das die eben noch vorherrschende Müdigkeit augenblicklich restlos vertreibt, als hätte es sie nie gegeben. Gleichzeitig mit dem gänzlichen Verschwinden der matten Schläfrigkeit erblüht frischer, mit Schneid und Tatendrang gepaarter Lebensmut in dem kleinen Energiebündel, der die unerforschten Pforten zum Erleben neuer Abenteuer weit öffnet. Gildo spürt die ungezügelte Leidenschaft, wagemutig ins bewegte Leben zu treten.

Noch im Wasser liegend, spürt Gildo, wie eine fette, schillernde Libelle über seinen Kopf hinwegsurrt. Geschwind wie ein Pfeil schnappt der hungrige Dino treffsicher nach dem ahnungslosen

Flieger und schlingt ihn mit einem einzigen Happs gierig hinunter. Mit einem wohligen Grunzen beendet er die köstliche Mahlzeit.

Aber satt geworden ist er von diesem unscheinbaren Häppchen kaum. Vielmehr ist er nun erst auf den Geschmack gekommen. Es drängt ihn wollüstig danach, seinen fast leeren Magen bis oben hin mit wohlschmeckendem Essen vollzustopfen. Und seine Beute selbst zu erlegen, scheint doch gar nicht so schwer zu sein, wie der erfolgreiche Fang der überraschten Libelle gezeigt hat. Also trottet der kleine Dinosaurier Gildo selbstbewusst los, um seinem angeborenen Trieb zu folgen. Er begibt sich beflissen auf Nahrungssuche, in der innigen Hoffnung, während seines Streifzuges durch die unbekannte Natur bald auf geeignete Beutetiere zu treffen, die zu erlegen er mühelos in der Lage ist.

»Was bist du denn für einer?« Gildo dreht sich erschrocken um. Hinter ihm steht ein rotbraunes Tier mit glänzendem Fell und langem, buschigen Schwanz, der in einer weißen Spitze ausläuft. Es hat die spitzen Ohren steil nach oben aufgerichtet und erwartet eine unverzügliche Antwort auf seine brennende Frage.

»Ich ... ich ... heiße Gildo«, stammelt der überrumpelte Dinojunge. »Aber was ich bin, weiß ich leider nicht«, fügt er traurig hinzu. »Ich bin mutterseelenallein, ohne Familie oder Freunde.« Kummervoll senkt er den Kopf.

Sein Gegenüber schaut ihn eine Weile mitfühlend an. Es herrscht bedrückendes Schweigen.

Dann spricht Gildos neue Bekanntschaft geradeheraus: »Kopf hoch! Das ist alles gar nicht so schlimm, wie es scheint.«

Gildo hebt hellhörig den Kopf und blickt in zwei schelmisch dreinschauende Augen.

»Weißt du was, komm einfach mit mir. Ich zeige dir, wie man erfolgreich jagt und was man sonst noch alles können muss, um in Wald und Feld überleben zu können. Ich bin auch allein in meinem großen Revier. Das ist manchmal ganz schön langweilig. Aber hier ist genug Platz für uns beide. Wenn wir uns zusammentun, können wir zu zweit bestimmt viel Spaß miteinander haben.«

Gildo willigt ohne zu zögern ein. Schließlich hat er nichts zu verlieren. Und sollte sich aus dieser unerwarteten Begegnung eine lockere Kameradschaft oder gar eine feste, innige Freundschaft entwickeln, kann sie den weiteren Lauf seines ungewissen Lebens nur bereichern.

»Ich bin Waldemar, der listige Rotfuchs«, stellt sich Gildos neuer Gefährte augenzwinkernd vor. Heilfroh, endlich jemanden gefunden zu haben, der mit ihm rastlos durch die unergründlichen Wälder streift und sein bisheriges, eintöniges Dasein wieder mit Glanz erfüllt. »Komm! Gehen wir!«, bestimmt er forsch. Und schon marschiert das ungleiche Paar davon: ein leichtfüßiger, in fließender Bewegung flink über den Boden gleitender Fuchs neben einem etwas schwerfälligen, unbeholfen wirkenden, aber dennoch recht gewandten jungen Dinosaurier. Lediglich in der Körpergröße stimmen die beiden fast überein. Schnell haben sie den Ort ihrer ersten Begegnung hinter sich gelassen, um sich dem grenzenlosen Raum des weiten Horizontes hinzugeben.

Der gefahrvolle Plan

Dass sich der kleine, unerfahrene Dinosaurier Gildo und der weltgewandte Rotfuchs Waldemar durch einen glücklichen Zufall begegnet sind, ist das Beste, was den beiden passieren konnte. Sie verstehen sich auf Anhieb, als wären sie schon immer die innigsten Freunde, die gemeinsam die Höhen und Tiefen des oft beschwerlichen Alltags in trauter Eintracht erfolgreich bewältigen. Waldemar hält sein Versprechen und weiht seinen unbewanderten Kameraden Gildo geduldig in die Geheimnisse der erfolgreichen Jagd ein. Dabei versteht es der verschlagene Waldbewohner mit heimtückischer Raffinesse immer wieder aufs Neue, seine Beute mit List und Tücke zu überrumpeln, um sie dann in die Enge getrieben gnadenlos zu überwältigen und gemeinsam mit seinem Jagdgefährten gierig zu verschlingen. Gildo ist seinem Lehrmeister ein guter und williger Schüler, sodass er sich bei den allnächtlichen Streifzügen bald als gleichwertiger Jäger behaupten kann. Da Gildo als Raubdinosaurier ebenso wie Waldemar ein Fleischfresser ist und beide somit den gleichen Geschmack haben, teilen die zwei ihre Beute stets brüderlich auf, wobei jeder den gleichen Anteil bekommt. Das ist unter echten Freunden Ehrensache!

Die Tage verbringen die beiden Räuber meist schlafend in Waldemars Fuchsbau, einer tief gegrabenen, schutz- und ruhespendenden Erdhöhle unter einer uralten Baumwurzel. In den Nächten jedoch streifen sie unentwegt umher und machen gemeinsam die Gegend unsicher.

»Uaaah«, stöhnt Gildo lang gedehnt mit weit aufgesperrtem Maul und streckt wohlig seine müden Glieder aus. Waldemar hingegen ist längst hellwach und beobachtet seinen schlaftrunkenen Mitbewohner bereits seit geraumer Zeit mit brennender Ungeduld. An seinem bewegten Gesichtsausdruck und den munter funkelnden Augen erkennt Gildo sofort, dass sein Freund etwas nicht Alltägliches im Schilde führt. »Was ist?«, fragt er den schweigsamen Beobachter gespannt.

Im gleichen Augenblick, als der Satz ausgesprochen ist, antwortet Waldemar wie aus der Pistole geschossen, als hätte er schon sehnlichst auf diese eine Frage gewartet: »Gut, dass du wach bist«, platzt er heraus. »Ich wollte dich schon wecken. Heute haben wir nämlich etwas ganz Besonderes vor. Da können wir nicht allzu viel Zeit vergeuden.« Dann macht er eine längere Pause und hüllt sich in beharrliches Schweigen, sodass Gildos Neugier rasant anwächst. Aber genau das beabsichtigt der schlaue Fuchs auch.

»Na sag schon«, fordert Gildo Waldemar zappelig auf und stupst ihn dabei bettelnd mit der Nasenspitze an. »Was meinst du mit ,etwas ganz Besonderes'?«

Unverzüglich folgt die prompte Antwort: »Wir holen uns heute Nacht die fettesten Hühner aus dem Hühnerstall im Bauernhof!«

Bauz! Damit ist alles gesagt. Waldemar starrt Gildo herausfordernd an. Er erwartet so etwas wie Lob und Anerkennung von dem erstaunten Dinojungen. Denn er glaubt, soeben einen grandiosen Vorschlag gemacht zu haben. Aber Gildo ist dermaßen überrascht von Waldemars absonderlicher Idee, dass ihm vor Entsetzen das Maul offenbleibt. Die erschreckende Offenbarung trifft ihn erbarmungslos wie ein spitzer Pfeil ins Herz. Niemals wäre er selbst auf solch einen absurden Gedanken gekommen!

»Du ... willst ... zu ... den Menschen!?«, wundert sich Gildo. »Aber ... ist das nicht ... zu gefährlich?«

»Nun ja, wir müssen schon tüchtig aufpassen«, erklärt Waldemar seinem verunsicherten Freund seelenruhig. »Die Menschen können unerhört gefährlich werden. Sie sind in der Lage, uns mit eigenartigen, laut knallenden Stöcken, die sie Gewehre nennen, zur Strecke zu bringen. Außerdem bereitet es ihnen riesige Freude, ihre garstigen Hunde auf uns zu hetzen, denen es wiederum höllischen Spaß macht, uns bis zur völligen Erschöpfung zu jagen.« Die zweifellos berechtigten Bedenken über die eben ausgesprochenen möglichen Gefahren während der geplanten heiklen Mission abschwächend, gibt Waldemar beschwichtigend zum Besten: »Aber sind wir nicht klug genug, um diesen Gefahren zu entgehen?« Mit freundlichen Augen schaut Waldemar seinen Freund Gildo an. Es sind die vertraute Wärme in der weichen Stimme und die ehrlich strahlende Herzlichkeit in seinem gütigen Blick, die den kleinen Dino respektvoll zu seinem einzigen Kameraden aufblicken lassen. Wenngleich er noch lange nicht vom Erfolg des fragwürdigen Vorhabens überzeugt ist, gibt ihm der Freund an der Seite doch so viel Kraft und Selbstvertrauen, ernsthaft über die gewagten Absichten des umtriebigen Fuchses nachzudenken.

Gildo zweifelt zunächst. Er hat Angst. Denn er misstraut den Menschen wie keinem anderen Wesen, das er kennt. Schließlich war er einst lange Zeit bei ihnen gefangen und hat seine gesamte Kindheit in einem Käfig hinter Gittern verbracht. Wenn das tollkühne Unterfangen misslingen und er nochmals eingesperrt werden sollte, sind auch seine stolzen Jugendjahre ein für alle Mal dahin. Andererseits möchte er seinen Freund Waldemar, dem er so viel zu verdanken hat, natürlich auch nicht enttäuschen. Und als Hasenfuß belächelt zu werden, ist auch nicht gerade erstrebenswert.

Letztendlich entscheidet sich Gildo dafür, an der nächtlichen Aktion teilzunehmen. Wenngleich ihm die riskante Sache nach wie vor nicht ganz geheuer erscheint. Aber was soll's? Schließlich kann er zuversichtlich auf die Klugheit und Durchtriebenheit seines lebenserfahrenen Kameraden bauen, der sich in der Vergangenheit in jeder noch so verzwickten Lebenslage zu helfen wusste. Bisher ist ja auch alles gut gegangen. Und richtige Freunde stehen nun einmal zusammen. Egal, was kommt.

»Du hast recht!«, spricht Gildo mit überzeugter Stimme. »Wir sind klug genug, um diesen Gefahren zu entgehen.« Er schaut Waldemar fest in die Augen. »Wir holen uns die fetten Hühner vom Bauernhof!«

Der misslungene Raubzug

Auf kürzestem Weg machen sich Gildo und Waldemar auf, um den Bauernhof mit der verführerischen Beute schnellstmöglich zu erreichen. Als sie an der Grundstücksgrenze des Gehöftes ankommen, schnüffelt Waldemar mit erhobener Nase in den Wind.

»Komm, wir müssen uns von der anderen Seite anschleichen«, erklärt er dann altklug.

Gildo schaut den verschlagenen Fuchs fragend an. Er versteht nicht. »Warum denn das?«, erkundigt er sich zweifelnd.

»Na ganz einfach«, folgt die prompte Antwort: »Wenn wir von dieser Seite kommen, laufen wir mit dem Wind in die gleiche Richtung. Dabei nimmt der Wind unsere Körpergerüche auf und bläst sie viel schneller, als wir uns fortbewegen, voran. Somit können uns die Tiere auf dem Hof wittern, lange bevor wir am Ziel angelangt sind. Sie sind gewarnt, können sich in Sicherheit bringen und wir gehen leer aus. Besonders der grässliche Hofhund hat eine ausgesprochen feine Nase! Und wenn der uns aufspürt, heißt es: Laufen, so schnell es geht. Sonst gibt es keine Rettung!« Als Waldemar von dem Hund spricht, nimmt seine Stimme einen grimmigen Ton an. Er hasst den unerschrockenen Wächter von Haus und Hof wie die Pest. »Wir müssen gegen den Wind laufen«, beendet er seine Erklärungen und deutet seinem Freund Gildo an, ihm unvermittelt zu folgen.

Nach einiger Zeit sind die beiden tollkühnen Helden auf der anderen Seite am Rande des Hofes angekommen. Angestrengt lauschen sie in die Stille der Nacht. Außer dem Zirpen einiger Grillen aus der Ferne ist nichts zu hören. Die friedlichen Haustiere scheinen sich allesamt in ihren Nachtlagern zu befinden, wo sie geruhsam ausharren, bis der altkluge Hahn Henri sie wie gewöhnlich am Morgen zum Sonnenaufgang weckt.

»Die Luft ist rein«, flüstert Waldemar Gildo wispernd zu. Der Freund nickt zustimmend und schon laufen beide gleichgesinnt wieselflink durch den Bauernhof, geradewegs querfeldein, bis sie vor dem Hühnerstall angekommen sind.

Artus, der wachsame Haushund, lässt seine tiefe Stimme böse durch die klare Nachtluft hallen. Er scheint etwas bemerkt zu haben. Aber da er an seine Hütte angekettet ist, kann er zu seinem Bedauern nicht in das Geschehen eingreifen.

Gildo und Waldemar schnuppern gierig den Duft der schmackhaften Hühner, der durch die trennende Holzwand in ihre feinen Nasen dringt. Lüstern fletschen sie unter erregtem Zittern ihre blitzenden, totverheißenden Raubtierzähne. Sie sind bereit, sich wild auf ihre Opfer zu stürzen und sie erbarmungslos, ohne

Rücksicht auszumerzen. Bärbeißig suchen sie nach einem Loch oder einer Lücke, wo sie hindurchschlüpfen und in die Stallung eindringen können. Denn die Stalltür ist wie immer um diese Zeit fest verschlossen. Nachdem sie das Stallgebäude gewissenhaft umrundet haben und bedauerlicherweise kein Schlupfloch ausfindig machen können, beschließen die zwei fressgierigen Räuber, sich nach innen durchzugraben. Mit vereinten Kräften buddeln sie in Windeseile ein Loch in die lockere Erde, das als Tunnel von draußen nach drinnen dienen soll. Fetzen von gelöster Erde, Grasbatzen, Wurzelwerk und kleine bis mittelgroße Steine sausen abwechselnd kreuz und quer durch die Luft. Dank ihres emsigen Einsatzes schaffen es die unermüdlich Tätigen letztendlich in kurzer Zeit, wunschgemäß im Schlafgemach der schlummernden Haushühner anzukommen.

Es ist mucksmäuschenstill im geräumigen Hühnerstall. Das ahnungslose Federvieh sitzt nebeneinander aufgereiht auf dünnen Stangen oder einfach auf dem Erdboden und schläft tief und fest. Die beiden gefräßigen Raubtiere hocken angespannt in ihrem Loch und schauen sich mit lüsternen Blicken um. Die Vorfreude auf eine reichhaltige Mahlzeit steht ihnen ins Gesicht geschrieben. Waldemars Augen funkeln vor Fresslust.

»Siehst du, die gehören alle uns«, haucht er zufrieden.

Gildo staunt. Er sabbert vor Wollust. Wieder einmal hat es der gerissene Fuchs geschafft, einen seiner waghalsigen Pläne umzusetzen, denkt er. Wie gut für mich, dass ich Waldemar zum Freund habe!

Beim Blick auf das wohlgenährte Hühnervolk verspürt Gildo plötzlich einen enormen Heißhunger. So viel lebendiges Futter hat er noch nie auf einem Haufen gesehen. Sein Magen rumort bereits aufdringlich. Es bedarf keiner Worte. Die zwei schauen sich einhellig an, nicken sich gleichzeitig zu und laufen schließlich unvermittelt blitzschnell auf ihre schlafende Beute zu.

Es ist der aufgeplusterte Hahn Henri, der die todbringende Gefahr als Erster bemerkt. Aufgeschreckt flattert er wild umher. Um seine schutzlosen Hühner zu warnen, versucht er laut zu krähen. Aber vor Aufregung quält er sich nur einen kläglichen, heiseren Laut heraus, der sich jedoch so grauenhaft anhört, dass sämtliche Hühner daraufhin verstört aufwachen. Ein wildes Tohuwabohu entsteht. Die bedrohten Hennen flattern aufgescheucht und laut gackernd ohne jegliche Führung durch den Raum. Federn, Stroh und Körner fliegen wie von einem Wirbelsturm aufgewühlt umher. Ihr sonst so zuverlässiger Gebieter, der alte Gockel, hat längst die Kontrolle über seine scheuen Hühner verloren. Auch für ihn gilt es, sich schnellstmöglich in Sicherheit zu bringen, bevor es zu spät ist.

Für Gildo und Waldemar ist es ein unbeschreibliches Vergnügen, mitten in diesem chaotischen Durcheinander sein zu dürfen und zu sehen, wie die gefiederten Kreaturen um ihr klägliches Leben ringen. Sie genießen den beglückenden Augenblick, der gleichzeitig die Vorfreude auf eine üppige Mahlzeit ins schier Unermessliche steigert. Dann endlich ist es soweit: In atemloser Spannung stürzen sich die beiden Freunde begierig auf den gehetzten Haufen aus unzähligen Hühnern und einem Hahn, als plötzlich die quietschende Tür aufgeht und ein greller Lichtschein die Dunkelheit der Nacht durchbricht.

»Verdammt! Schon wieder so ein verflixter Fuchs!«, schimpft der Bauer. Von dem grässlichen Lärm im Hühnerstall und dem drohenden Bellen seines wachsamen Hundes Artus aufgewacht, hat er sich sofort auf den Weg gemacht, um nachzusehen, was los ist. Und seine Vermutung hat sich bestätigt. Es ist nicht das erste Mal, dass seine Hühner nachts von einem Fuchs heimgesucht werden. »Wie ist denn dieses niederträchtige Biest nur hereingekommen?«, schnaubt er verärgert. »Ich habe den Stall doch erst kürzlich repariert.« Von dem kleinen Dinosaurier, der sich ebenso wie der räuberische Fuchs über seine Hühner hermacht, mutmaßt der ahnungslose Mann nichts. Aber wie auch? Schließlich ist allgemein bekannt, dass Dinosaurier seit vielen Millionen Jahren ausgestorben sind! Nur eine einzige Person weiß von der Existenz der angeblich für immer und ewig untergegangenen Reptilien. Jonathan, der Sohn des Hauses, der einst durch einen verrückten Zufall ein winziges Dinosaurierbaby gefunden, es heimlich aufgezogen und ihm den Namen Gildo gegeben hat, bekommt von dem ganzen nächtlichen Tumult jedoch nicht das Geringste mit. Er liegt gemütlich eingemummelt in seinem Bett und schläft wie ein Murmeltier.

Die beiden überraschten Eindringlinge versuchen inzwischen umgehend, so schnell es geht, das Weite zu suchen. Denn aus den eben noch überlegenen Jägern sind wehrlose Gejagte geworden, die um ihr nacktes Leben fürchten müssen.

Bei all dem heillosen Durcheinander haben sich die beiden unzertrennlichen Freunde Gildo und Waldemar zu allem Übel auch noch aus den Augen verloren. Das ist sehr schlecht für den kleinen Dinosaurier, denn schließlich ist es stets Waldemar, der den Ton angibt und sagt, wo es langgeht. Nach seinem vermissten Kameraden zu rufen, wagt Gildo nicht. Aus Angst, er könnte von dem Menschen gehört werden. Zwar würde der Bauer ihn nicht verstehen, weil Menschen und Tiere sich in unterschiedlichen Sprachen verständigen. Aber hören könnte er ihn auf jeden Fall. Infolgedessen würde er ihn finden und auf Rache sinnend, sein kostbares Leben aushauchen.

Gildo überlegt nicht lange. Er weiß, dass ihm die Zeit davonläuft. Je länger er an diesem Ort verweilt, umso größer ist die Gefahr, von seinem Erzfeind Mensch entdeckt und getötet zu werden. Also begibt er sich schleunigst auf den Weg, um den befreienden Rückzug anzutreten. Er zittert vor Angst. Sein Herz rast in fieberhaftem Tempo. Die Welt um ihn herum scheint in weite Ferne entrückt zu sein. Alles, was auf ihn einströmt, nimmt er nur halbherzig wahr. Rufen, Gackern, Schreien, Schimpfen und Poltern schmelzen in einer einzigen Masse zusammen, die als dumpfer, erstickter Klumpen an ihm vorbeizieht. Die aufgeschreckt umherflatternden Hühner, die panisch in Todesangst um ihn herumwuseln, bemerkt er nicht. Seine Sinne sind einzig und allein auf ein Ziel ausgerichtet: Die rettende Flucht!

Endlich hat er das Schlupfloch gefunden, das er und Waldemar gemeinsam gegraben haben, um ihren geplanten Raubzug erfolgreich bestreiten zu können. Hals über Kopf kriecht er hinein und robbt nach draußen. Als er am anderen Ende des beengten Höhlenganges angekommen ist und die erfrischende, belebende Nachtluft einatmet, kommt er langsam wieder zu sich.

»Waldemar?!«, ruft er verhalten. Stille. Keine Antwort. »Waldemar!«, ruft er nun etwas lauter. Auch jetzt bleibt alles ruhig.

Zutiefst enttäuscht über sein unerwartetes Fernbleiben und über alle Maßen besorgt wegen des ungewissen Schicksals, das seinem besten Freund bedauerlicherweise widerfahren sein könnte, beschließt Gildo kurzerhand, den unheilvollen Bauernhof auf der Stelle zu verlassen und unverzüglich zum heimischen Fuchsbau zu eilen. In der ehrlichen Hoffnung, Waldemar gesund und munter dort anzutreffen. So, als wäre überhaupt nichts geschehen.

Gerade als er sich körperlich erschöpft und seelisch zerstreut auf dem Weg nach Hause befindet, hört er aus der Ferne einen mächtig donnernden Knall, der ihn abrupt aufhorchen lässt. Der dröhnende Schall bohrt sich bis in Gildos feinste Gehörgänge.

»Waldemar?!«, kommt es ihm angsterfüllt in den Sinn. Vor Schreck erstarrt, bleibt er wie versteinert stehen. Seine Gedanken drehen sich im Kreis. War das nicht eben ein Schuss, ausgelöst von einem langen Stock, den die Menschen Gewehr nennen? Gildo erinnert sich, dass Waldemar einmal von einem solchen Gewehr gesprochen hat. Und dass man damit jeden noch so mächtigen Gegner töten kann.

»Nein«, wispert er verzweifelt. »Das darf nicht sein!«

Der schmerzliche Verlust

Mit ungeduldiger Erwartung auf das Bevorstehende kommt Gildo völlig atemlos am Fuchsbau an. Zwar ist er heilfroh, sich endlich in vertrauter Sicherheit wiegen zu können. Aber die ungestillte Neugier, ob sein treuer Kamerad Waldemar ebenso wie er unversehrt oder wenigstens mit nur geringfügigen Schrammen aus der unglückseligen Begebenheit davongekommen ist, hat unbedingten Vorrang und lässt ihn seine eigenen Sorgen vergessen.

»Waldemar?«, haucht er mit betont leiser Stimme in den finsteren Eingang der Tierhöhle hinein. Dann lauscht er stillschweigend in der innigen Hoffnung auf ein bejahendes Lebenszeichen. Doch nichts geschieht. Mit verhaltenem Atem kriecht der kleine Dinosaurier in die tierische Behausung. Er durchsucht gewissenhaft jede Ecke und lässt keinen noch so kümmerlichen Winkel aus. Nachdem er alles erfolglos durchstöbert und durchwühlt hat, wird ihm klar, was er zwar längs befürchtet hat, aber eigentlich nicht wahrhaben will: Waldemar ist nicht da!

Plötzlich wird Gildo von schwerer Trauer und leidvoller Wehmut heimgesucht. Bis zum Äußersten erschöpft und von den jüngsten Ereignissen sichtlich übermannt, bricht er leise schluchzend zusammen. Dicke Tränen der verzweifelten Hilflosigkeit schießen aus seinen Augen und rollen perlend über sein leidgeplagtes Gesicht. Durch und durch ermattet, schläft er kraft- und saftlos ein. Seine empfindsame Seele fällt in ein tiefes Loch, das ihn in eine unbekannte, aber dennoch unermesslich schöne Welt verführt, wo er all seine schrecklichen Erinnerungen vergessen kann. Ein wundervoller, beglückter Traum umhüllt ihn: Er und Waldemar laufen bei strahlendem Sonnenschein über eine bunte Sommerwiese. Sie sind ausgelassen, fröhlich und sorglos ...

»Waldemar«, flüstert er im Schlaf. Nicht wissend, dass er seinen Freund für immer verloren hat.

Wieder allein

Gildos bester Freund und treuester Weggefährte, der pfiffige Fuchs Waldemar, kehrt nicht zurück. Die schlimmsten Befürchtungen des verzweifelten Dinosauriers erweisen sich als grauenhafte Wahrheit: Der verhasste Bauer hat seinen geliebten Kameraden erwischt und mit dem ungeheuerlichen Gewehr im Anschlag zur Strecke gebracht! Die Menschen sind eben doch unbesiegbar!

Solange Gildo und Waldemar gemeinsam auf ihren nächtlichen Streifzügen die Gegend unsicher gemacht haben, hat es der durchtriebene Fuchs immer wieder mit Bravour geschafft, unter dem besonnenen Einsatz von List und Tücke seine Gegner zu täuschen, allen Gefahren zu trotzen und das Beste aus jeder noch so verzwickten Sache für sich und seinen Freund herauszuholen. Immer für beide darauf bedacht, dabei stets unversehrt zu bleiben. Für Gildo ist es bislang keine Frage gewesen, dass das auch immer so bleiben würde. Waldemar – der Unbezwingbare! Ein Held, zu dem man mit Respekt aufschauen muss und ein brillanter Lehrmeister für die wichtigen Dinge des Lebens obendrein!

Gildos Trauer ist grenzenlos. Eingeigelt in der hintersten Ecke des Fuchsbaues siecht er einsam vor sich hin. Verlassen von Gott und der Welt badet er in einem endlosen Meer aus quälendem Selbstmitleid. Lediglich die immer schwächer werdenden Gerüche des vermissten Freundes erinnern an vergangene, glückliche Zeiten und lassen hin und wieder ein flüchtiges Lächeln über Gildos ansonsten lebloses Gesicht huschen. Drei Tage und drei Nächte lässt sich Gildo fast bis zur Selbstaufgabe hängen. Sein äußeres Erscheinungsbild ändert sich zusehends. Er wirkt ausgemergelt und kränklich. Seine schlechte Verfassung nimmt bedenkliche Ausmaße an. Doch dann geschieht etwas Sonderbares, das sein ganzes weiteres Leben bestimmen soll.

Abgestumpft liegt Gildo wie gewöhnlich auf dem Boden und stiert teilnahmslos unzählige Löcher in die Luft. Da erscheint plötzlich wie durch ein Wunder aus dem Nichts eine helle Wolke über ihm. Verdutzt hebt er den Kopf. Dann glaubt er, seinen Augen und Ohren nicht zu trauen. Vor Staunen bleibt ihm der Mund offen stehen. Die formlose Masse der geheimnis-vollen Wolke nimmt unvermittelt Gestalt an. Vor den glänzen-den Augen Gildos taucht die im Nebel gehüllte Silhouette des vermissten Rotfuchses Waldemar auf!

»Aber …«, stammelt Gildo verwirrt. Dann kann er nur noch schlucken. Die Stimme versagt ihm den Dienst.

»Sei nicht traurig, mein Freund«, spricht Waldemar. Er klingt weit entfernt und befremdlich. So, als käme er aus einer anderen Welt. »Das Leben geht weiter! Geh hinaus und genieße es in vol-len Zügen! Vergeude nicht deine Zeit mit Stumpfsinn und Trübsal blasen. Es ist nun einmal, wie es ist. Du kannst nichts daran än-dern.«

»Aber«, stammelt Gildo aufgeregt, »ohne dich kann ich das Le-ben nicht genießen. Ich brauche dich! Warum lässt du mich im Stich?«

»Du irrst dich, mein Freund«, belehrt die nebelhafte Gestalt ih-ren vertrauten Gesprächspartner. »Ich lasse dich keineswegs im Stich. In deinem Herzen werde ich immer bei dir sein. Überall, wo du bist, trägst du mich jederzeit in Gedanken mit dir. Glaube mir, du bist nicht allein!«

Die eben noch deutlich im Nebelschleier eingebettete Fuchsge-stalt wird sogleich von der sie umschließenden Wolke ver-schluckt, woraufhin sich auch diese nach und nach vollständig in Luft auflöst.

»Waldemar, bitte bleib«, wimmert Gildo dem verschwundenen Schattenbild des Freundes weinerlich nach. Aber wie zu erwar-ten, kehrt es nicht zurück.

Gildo liegt lange unruhig zappelnd auf seinem durchgewühlten Schlafplatz herum. Er fühlt sich einsam und alleingelassen. Ob-wohl es längst höchste Zeit zum Schlafen für ihn ist, bekommt er kein Auge zu. Er spürt keinerlei Müdigkeit, weder in Form von körperlicher Erschöpfung noch gefühlsmäßig. Viel zu tief sitzen die berührenden Eindrücke, die das jüngst Erlebte in seiner wunden Seele hinterlassen haben. Unzählige Gedanken kreisen in seinem brummenden Kopf wirr durcheinander, die es mit Bedacht zu ordnen gilt.

Gildo denkt angestrengt nach. Waldemar ist extra seinetwegen in Gestalt eines nebligen Abbildes seiner selbst für einen Augenblick in die Welt zurückgekehrt und hat dem verzweifelten Weggefährten eine richtungsweisende Botschaft hinterlassen. Auf einmal ist der kleine Dino hellwach. Ungeahnte Kräfte bäumen sich in ihm auf. Sie machen ihn körperlich stark und geistig fit. Er versteht urplötzlich, was ihm sein kluger Freund mitzuteilen gedachte. Ohne weiter darüber nachzudenken und felsenfest davon überzeugt, das einzig Richtige zu tun, beschließt er, das Vergangene endgültig hinter sich zu lassen. Stattdessen macht er sich unvermittelt auf, das bevorstehende Leben offenherzig zu erobern.

Mit einem Hauch von sanfter Wehmut verlässt Gildo niedergebeugt den Fuchsbau, der ihm und Waldemar bis zu dessen frühem Dahinscheiden ein trautes Heim und ein verlässlicher Zufluchtsort war. Draußen angekommen, schaut sich der vom Schicksal arg gebeutelte Bursche noch einmal flüchtig um.

»Tschüss, Waldemar«, haucht er kaum hörbar. Wieder rinnen ihm Tränen der Trauer über das Gesicht, als er an die vergangene, glückliche Zeit zurückdenkt, die er mit dem besten und einzigen Freund, den er je hatte, verbringen durfte. »Und danke für jeden gemeinsamen Augenblick. Ich werde dich niemals vergessen!«

Dann wendet er sich abrupt nach vorn und marschiert in der ihm eigenen tapsigen Art und Weise voran.

In Gildos schwachem Dinosauriergedächtnis sind die bösen Dinge, die ihm in der letzten Zeit widerfahren sind, längst ausgelöscht. Obgleich ihn die Erinnerung an seinen einstigen Freund niemals loslassen wird. Was sagte doch Waldemar, als sein blasses, verschwommenes Gesicht in eine milchige Wolke eingehüllt vor seinem verblüfften Kameraden erschien?

»In deinem Herzen werde ich immer bei dir sein.« Diesen Satz hat Gildo nicht vergessen. Er trägt den bedeutsamen Spruch in seinem Kopf, während in seinem Herzen immer Platz für Waldemar ist.

Aber für die in der freien Natur lebenden wilden Tiere, zu denen auch Gildo als wohl einziger seiner vermeintlich ausgestorbenen Art weit und breit gehört, kommt es tagtäglich nur darauf an, alles zu tun, um zu überleben. Da ist es einzig und allein wichtig, sich den andauernd wechselnden, ständig aufs Neue fordernden Situationen in der pausenlos wandelnden Gegenwart zu stellen. Für rückblickenden Müßiggang bleibt keine Zeit. Und so streift der kleine Raubdinosaurier Gildo wachsam durch die Wälder, erbeutet harmlose Tiere, die ihm als erquickende Nahrung dienen und nimmt sich in Acht vor den gewaltigen Kreaturen, denen er nicht gewachsen scheint. Er lebt bescheiden im harmonischen Einklang mit der urgewaltigen Natur, in deren unabänderliche Abläufe er sich bereitwillig einordnet.

Eigentlich könnte Gildo zufrieden sein mit dem geregelten und relativ sicheren Leben, das er seit geraumer Zeit führt. Als brillanter Jäger hat er immer genug zu fressen. Er kann auftretende Gefahren gut einschätzen, entsprechend durchdacht handeln und kommt auch ansonsten mit allen prekären Situationen meisterhaft zurecht. Nur die bedrückende Einsamkeit macht ihm arg zu schaffen. Das Alleinsein lastet schwer auf seinem gemarterten Gemüt. Der einzige wahre Freund, den er in seinem bisherigen Leben je hatte, ist durch einen tragischen Unglücksfall für immer von ihm gegangen. Danach ist es dem kleinen Dino nicht mehr gelungen, irgendwann wieder geselligen Anschluss zu anderen Tieren zu finden. Er wird strikt gemieden, bange gefürchtet oder feindselig gehasst. Denn er ist ein Dinosaurier. Eine Kreatur aus einer anderen, längst vergangenen Zeit. Und obwohl er sich sein eigenes Reich im wohlbekannten Wald erobert hat, spürt er, dass er nicht hierher gehört.

»Heda! Was soll das?« Gildo schreckt blitzartig zusammen. Wer hat da eben gesprochen? Fragend schaut er sich auf der großflächigen Wiese um. Weit und breit ist niemand zu sehen!

»Würdest du vielleicht deinen klobigen Fuß von meiner Haustür entfernen?!«

Da spürt Gildo plötzlich eine Bewegung genau unter sich. Geschwind zieht er den Fuß fort. Er hat direkt auf einem locker aufgeworfenen Erdhaufen gestanden, den er unbedachterweise plattgetrampelt hat. Aus dem nach frischer Erde duftenden Boden lugt plötzlich ganz überraschend eine winzige, spitze Nase hervor. Dann folgt unter nervösem Zucken der Rest des kleinen Köpfchens, zu dem die besagte Nase gehört.

»Sag mal«, sprudelt es empört aus dem in seiner Ruhe gestörten Wesen heraus, »bist du noch ganz dicht?« Aber bevor Gildo sich überhaupt rechtfertigen kann, geht das unaufhaltsame Geschimpfe ohne Unterbrechung weiter. »Wie denkst du dir das überhaupt? Ich gehe doch auch nicht zu dir nach Hause und zerstöre dein Heim! Aber mit mir kann man es ja machen.« Nach dem ersten Redeschwall schaut der kleine Zankapfel erst einmal nach oben, um sich den Störenfried genauer anzusehen. »Was bist du überhaupt für einer?«, geht das nervige Gequassel sofort weiter. Gildo hat nicht einmal genügend Zeit, um Luft zu holen. Geschweige denn, zu antworten. »So einen wie dich habe ich ja überhaupt noch nicht gesehen. Also, ich bin übrigens Tristan, der Maulwurf. Und wer bist du?«

Schweigen.

Gildo kann es kaum fassen, aber Tristan, dieser sonderbare Maulwurf, hüllt sich endlich in Schweigen. Oder anders formuliert: Er hält endlich seine vorlaute Klappe!

Gildo verharrt noch eine Weile abwartend, bevor er sich entschließt, auf die ununterbrochenen Wortsalven zu antworten. Da Tristan weiterhin erstaunlich ruhig bleibt, stellt auch er sich seinem Gesprächspartner ordnungsgemäß vor. Allerdings wesentlich ruhiger und besonnener als der aufgebrachte Geselle, der zappelig vor ihm auf dem Boden herumkriecht.

»Mein Name ist Gildo«, spricht er. »Entschuldige bitte, dass ich deine Heimstatt so rücksichtslos beschädigt habe. Aber ich wusste nicht, dass jemand unter diesem Erdhaufen wohnt. Ich lebe nämlich eigentlich da drüben mitten im Wald und kenne mich hier gar nicht aus. Auf diese Wiese bin ich nur zufällig geraten.«

»Schon gut«, winkt der vorlaute Maulwurf neugierig ab. »Längst vergessen. Aber sag, was bist du eigentlich für ein Tier? Wie nennt man deine Art?«

»Ich weiß es nicht«, gibt Gildo ehrlich zur Antwort. Woher soll er auch wissen, dass er ein Dinosaurier ist? Seine Eltern, die es ihm hätten sagen können, hat er nie kennengelernt. Er weiß ja nicht einmal, ob sie noch leben. Und all die anderen Tiere, denen er bisher begegnet ist, sind ahnungslos, weil sie noch nie zuvor einem Dinosaurier begegnet sind. »Ich bin in einem Ei auf sonderbare Weise in ein Nest gerollt, in dem eine Gänsemutter gerade ihre Kinder ausgebrütet hat. Sie hat mich mitfühlend aufgenommen und neben ihren eigenen Eiern mit ausgebrütet.«

»So, so«, schwafelt Tristan altklug. »Ich komme ja sehr viel herum. Meine unterirdischen Gänge kennen nämlich keine Grenzen, musst du wissen.« Dann blickt er Gildo kopfschüttelnd von oben bis unten abschätzend an und stellt überzeugt fest:

»Nein, so ein Tier wie dich habe ich noch nirgends gesehen. Aber ich werde die Augen offen halten. Versprochen! Wenn mir irgendwann einmal einer von deiner Sorte begegnet, werde ich dich umgehend informieren. Es ist für niemanden wünschenswert, immer allein zu sein.«

»Ja, schon gut«, antwortet Gildo mit gleichgültiger Miene. Dennoch versucht er, die gebotene Höflichkeit zu wahren. Schließlich ist der Maulwurf ja auch sehr freundlich zu ihm. Aber er hält es dennoch für sehr unwahrscheinlich, dass ihm dieses schwatzhafte Wesen helfen kann. Vielmehr erweckt es den unverfälschten Eindruck, dass es sich nur wichtigmachen will.

»Also dann, ich muss weiter!«, verabschiedet sich Tristan kurz und bündig. »Die Pflicht ruft! Und achte das nächste Mal unbedingt darauf, wo du hintrittst!« Kaum ist der letzte Satz ausgesprochen, ist das putzige Geschöpf auch schon in betriebsamer Manier auf Nimmerwiedersehen in seinem Loch verschwunden.

Gildo marschiert nachdenklich weiter. Immer stur der Nase nach. Das heißt, wenn seine Nase geradeaus gerichtet ist, läuft er auch gerade voraus. Wendet er seinen Blick zufällig nach links oder nach rechts, so biegt er wahllos in genau dieselbe Richtung ab, wo seine Nase hinzeigt. Weder hat er ein bestimmtes Ziel vor Augen, noch muss er sich seine Zeit gewissenhaft einteilen, in der er irgendwo sein muss. Nicht einmal ein eigenes zu Hause kann er sein Eigen nennen, seitdem er den heimischen Fuchsbau in Trauer um seinen einzigen Freund verlassen hat. Er ist einsam und unendlich schwermütig. Ein obdachloser, alleingelassener Dinosaurier in einer fremden Welt, die für ihn bedauerlicherweise nicht geschaffen zu sein scheint.

»Ach, wäre ich doch wenigstens ein redseliger Maulwurf«, denkt er betrübt. »Dann hätte ich meinen schicksalsbedingten Platz in der Welt und mein Leben hätte einen lohnenden Sinn.«

»Uuuaaaah«, gähnt Gildo laut und ungehemmt. Die Müdigkeit hat ihn übermannt. Völlig ermattet legt er sich unter einen schattenspendenden Baum, rollt sich zusammen und schläft sofort ein. Begleitet wird er von einem leisen, gleichmäßigen Schnarchen, das sich harmonisch in das friedvolle Umfeld der lauschigen Natur einbettet.

Der Weg nach Hause

Als Gildo aus seinem erholsamen Tiefschlaf erwacht, hat sich der unermüdliche Tag mit all seinen vielschichtigen Ereignissen längst verabschiedet. Ein angenehm kühlender Wind strömt beflissentlich durch den endlosen Raum der nächtlichen Dunkelheit. Die ansonsten atemlose Stille der undurchschaubaren Finsternis wird immer wieder von eigenartigen Geräuschen durchbrochen, die für Tageslichtgewohnte durchaus angsteinflößende Gefühle hervorrufen können.

Aber für Gildo hat die geheimnisvolle Nacht absolut nichts Beklemmendes. Im Gegenteil. Als ungebändigtes Raubtier fühlt er sich ungemein wohl unter dem Einfluss des Vollmondes, der wie ein großer, gelber Ball vom pechschwarzen Himmel herabschaut. Die triebhaften Gelüste des kleinen Raubdinosauriers werden der nächtlichen Stimmung wegen in Windeseile geweckt. Er bäumt sich auf die kräftigen Hinterbeine und stößt einen furchteinflößenden Schrei aus, der das weitläufige Umfeld um ihn herum machtvoll erzittern lässt. Für einen Augenblick herrscht absolute Ruhe. Dann dröhnt von weit her wie ein zurückgeworfenes Echo ein ähnliches Geräusch, wie es Gildo soeben in die Welt hinausposaunt hat, schallend als Antwort zu ihm zurück. Der kleine Dino horcht neugierig auf. Da wiederholt sich das Brüllen mehrfach. Gildos Herz schlägt Purzelbäume. Sein Körper zittert vor Erregung. Ein eigenartiges Gefühl der nie dagewesenen Vertrautheit überkommt ihn. Obwohl er die Stimme, die ihm aus der Ferne antwortet, noch nie zuvor in seinem Leben gehört hat, spürt er sofort eine unerklärbare Seelenverwandtschaft zwischen sich und dem unbekannten Wesen da draußen. Gedankenverloren starrt er vor sich hin. Dann säuselt er einer plötzlichen Eingebung folgend, kaum hörbar: »Mama?!«

Aber ehe Gildo seine herzbewegenden Gedanken zu Ende bringen kann, ertönt ein mächtiger Knall. Dann folgt unvermittelt ein zweiter und ein dritter, die sich ebenso bedrohlich anhören wie der erste. Gildo ist im Nu hellwach. Gewehre! Menschen!, schießt es ihm sofort durch den Kopf. Die Erinnerungen an das tragische Ende seines besten Freundes Waldemar, der durch einen gezielten Gewehrschuss ums Leben gekommen ist, beherrschen ihn.

Der innersten Todesangst gehorchend, legt sich Gildo flach auf den Boden und rührt sich nicht von der Stelle. Für eine rettende Flucht ist es längst zu spät. Er kann nur versuchen, geduldig auszuharren, bis die lebensbedrohliche Gefahr an ihm vorübergezogen ist. Bei jedem Schuss, der ertönt, schreckt er verstört zusammen. Die menschlichen Stimmen, die er gelegentlich wahrnimmt, lassen einen kalten Schauer des hasserfüllten Grauens über seinen Körper laufen. Er hasst die Menschen abgrundtief. Aber ebenso fürchtet er sie.

Gildo verharrt eine geraume Zeit regungslos auf dem Boden liegend. Die Dunkelheit der Nacht und die ihm eigene, der Umwelt gut angepasste Tarnfarbe kommen ihm zugute, sodass er in seinem vermeintlichen Versteck unentdeckt bleibt. Er hört Schüsse, Hundegebell und Menschen, die lachen, schimpfen, grölen und reden. Sie sind unverkennbar auf der Jagd und freuen sich wie die Könige, wenn sie ein hilfloses Tier erlegt haben, das sie stolz als Trophäe mit nach Hause nehmen können. Ebenso fluchen sie wutschnaubend, wenn ein Schuss danebengeht oder sich das Wild flüchtend davonmacht.

Dann ist es plötzlich still. Gildo lauscht angestrengt in die anrüchige Ferne, um herauszufinden, ob die tödliche Gefahr endlich gebannt ist. Er kann lange Zeit nichts hören. Deshalb wiegt er sich in Sicherheit und beschließt, sich aus seiner recht unbequemen Haltung zu befreien. Er steht auf, reckt und streckt seine müden, steifen Glieder und macht sich behände auf, um den Weg zu gehen, den ihm das Schicksal auferlegt hat. Er erinnert sich sehr genau daran, woher die vertrauten Laute gekommen sind, die sein leidvolles Herz unlängst so empfindsam berührt haben, dass er dachte, es würde fast zerspringen. Wie in Trance bewegt er seinen Körper ohne den Einsatz der dazugehörigen Gedanken unabwendbar vorwärts. Es ist eine unergründliche, nicht zu unterdrückende Sehnsucht, die ihn unbeirrt vorantreibt.

Aber wenn Gildo soeben noch geglaubt hat, sich in Sicherheit zu befinden, so wird er postwendend eines Besseren belehrt.

»Hey, kommt mal alle her, hier ist noch irgendein Tier! Es hat sich wahrscheinlich die ganze Zeit versteckt!«, vernimmt er plötzlich eine laute menschliche Stimme. Das schrille Kreischen geht ihm durch Mark und Bein und lässt ihn ängstlich erschauern. Zwar kann er nicht verstehen, was dieser aufgebrachte

Mensch eben gerufen hat. Aber die Vermutung liegt nahe, dass der lärmende Aufruhr nur ihm gilt.

»Aber die Stimme kenne ich doch«, schießt es Gildo urplötzlich durch den Kopf. »Ist das nicht dieser unmögliche Mensch, der mich gefangen gehalten hat, als ich noch ein Kind war?« Und tatsächlich hat Gildo recht. Jonathan, der Sohn des Bauern, auf dessen Hof Gildo als winziges Dinobaby in einem Gänsegelege seinem Ei entschlüpft ist, hat ihn schon wieder entdeckt! Sollte jetzt etwa alles wieder von vorn beginnen? Gildo hat überhaupt keine Lust, noch mal für lange Zeit in einem Käfig eingesperrt ein ödes und trostloses Leben zu führen.

Hastig nähert sich Jonathan dem heimlichen Zufluchtsort, in dem er das versteckte Wild vermutet. Das Knistern und Knacken des dürren Geästes unter der ungewohnten Last der schweren Menschenfüße wird zunehmend lauter. Dann spürt der verängstigte Dinosaurier eine große, mächtige Gestalt über sich. Kälte und Abscheu machen sich in ihm breit.

»Jetzt bin ich verloren«, flüstert er überzeugt. Aufzugeben ist wohl das Einzige, was ihm noch bleibt. In der Hoffnung, dass ihm die Menschen wenigstens nicht das Fell über die Ohren ziehen. Wobei ein Dinosaurier als Echse natürlich gar kein Fell, sondern eine schuppige Haut hat, was die verzwickte Lage allerdings um keinen Deut besser macht.

Jonathan steht mit seiner bedrohlich anmutenden Statur hoch aufgerichtet direkt über Gildo, der den rasanten Atem seines erstaunten Beobachters spüren kann.

»Du bist doch …«, stammelt er entgeistert, als er sein Fundstück genauer betrachtet. »Das gibt es doch gar nicht. Gildo! Du lebst?! Und wie groß du geworden bist. Unfassbar!« Noch ehe der fassungslose Junge die Tragweite seiner bedeutenden Entdeckung in vollem Umfang in sich aufnehmen kann, kommen auch schon weitere Mitglieder der herbeigerufenen Jagdgesellschaft neugierig angerannt. Jonathan wird unruhig. »Verdammt! Was mache ich denn jetzt nur? Ich kann dich doch diesen Leuten nicht einfach überlassen. Die werden dich sicher töten!«

Jonathan überlegt nicht lange. Beherzt tritt er zur Seite und macht damit den Weg für Gildo frei, damit dieser die rettende Flucht antreten kann. Und Gildo versteht sofort. Seinem angeborenen Freiheitsdrang gehorchend, springt er auf der Stelle auf und läuft, so schnell ihn seine Beine tragen, davon. Er hastet Hals über Kopf über Stock und Stein. Wenn er gelegentlich in seinem Übereifer über herumliegende Äste stolpert, die ihn zwanghaft zu Fall bringen, steht er geschwind wieder auf und rennt unbeirrt weiter. Es treibt ihn in Windeseile in die vertraute Ferne, aus der er unlängst die lockenden Rufe vernommen hat, die ihn seitdem nicht mehr loslassen. Es treibt ihn nach Hause. Denn er weiß nun mit absoluter Gewissheit, dass es seine vermisste Mutter war, die damals nach ihrem verloren gegangenen Sohn gerufen hat, und die sicher auch schon eifrig nach ihm sucht. Niemand kann den kleinen Dinosaurier in seinem Vorhaben aufhalten. Denn die Liebe eines Kindes zu seinen Eltern und die Elternliebe zu ihrem Kind sind die stärksten Gefühle, die man sich überhaupt vorstellen kann.

»Wo ist denn das versteckte Tier?«, fragt Jonathans Vater seinen Sohn schwer atmend, als er endlich bei ihm angekommen ist. Er hält bereits das Gewehr im Anschlag. Bereit, den Abzug zu betätigen und damit den tödlichen Schuss abzufeuern.

»Ach, weißt du«, winkt Jonathan mit gespielter Gleichgültigkeit ab. »Es war nur wieder so ein verdammter Fuchs. Er ist einfach zwischen meinen Beinen hindurch entwischt. Ich konnte gar nichts dagegen tun.«

»Na gut«, murrt der alte Bauer missgestimmt. »Hat der listige Rotrock diesmal noch Glück gehabt. Ist er eben das nächste Mal dran.« Unzufrieden darüber, dass ihn wieder ein verschlagener Fuchs bis zur Weißglut geärgert hat, dreht er sich um und gibt den anderen Jägern, die inzwischen komplett versammelt sind, ein Zeichen, sich zu entfernen. Enttäuscht rückt die Gruppe untereinander diskutierend ab.

Während die Menschengruppe mit ihren angeleinten Jagdhunden aufgelöst von dannen zieht, bleibt Jonathan noch eine Weile nachdenklich stehen. Er hat soeben bereits zum zweiten Mal in seinem Leben die außergewöhnliche Begegnung mit einem Dinosaurier gehabt. Einer Kreatur, von der die übrige Menschheit glaubt, dass sie seit vielen Millionen Jahren ausgestorben ist, und von der man nur anhand von bruchstückhaften Fundstücken aus grauer Vorzeit erahnen kann, wie sie einmal ausgesehen und gelebt haben könnten.

Für Jonathan ist das ein eindeutiges Zeichen. Es bestärkt ihn in seinem Bestreben, später einmal ein berühmter Dinosaurierforscher, also ein Paläontologe zu werden. Und er ist sich absolut sicher, dass er der erste Mensch sein wird, der der ahnungslosen Welt einen echten, lebendigen Dinosaurier präsentiert.

Aus der Ferne hört Jonathan seltsame Stimmen. Sie klingen eigenartig und fremd...

Eine nervtötende Schwester

»He, was soll das?« Timo war maßlos verärgert. »Was fällt dir denn ein? Spinnst du? Mach gefälligst das Licht aus und halt die Klappe!« Genervt drehte er sich im engen Schlafsack aus der Bauchlage auf die Seite und funkelte seine Schwester feindselig durch enge Augenschlitze an. Sein verschlafenes Gesicht sprach Bände. Denn nichts hasste er mehr, als grundlos aus dem Schlaf gerissen zu werden. Aber Nele waren Timos Befindlichkeiten in diesem Augenblick völlig egal. Mit fahrigen Bewegungen fuchtelte sie ununterbrochen mit einer auf und ab flimmernden Taschenlampe herum. Dabei leuchtete sie jeden noch so kleinen Winkel des Zeltes aus, als suche sie ungeduldig nach irgendetwas.

»Da ... da – war – was ...«, stammelte sie unentwegt und stupste den schlaftrunkenen Bruder mit spitzen Fingern pausenlos an, damit er erst gar keine Gelegenheit hatte, wieder in die Welt der sanften Träume abzudriften.

»Wie, da war was? Kannst du dich vielleicht etwas genauer ausdrücken?« Timo wurde es jetzt zu bunt. »Und lass bitte das blöde Angetippe!«, herrschte er Nele streng an, die auf der Stelle erschrocken zurückzuckte. Er öffnete wutentbrannt den Reißverschluss seines Schlafsackes, setzte sich aufrecht hin und atmete tief durch. Obwohl es ihm sehr schwerfiel, versuchte er ruhig und gelassen zu bleiben.

Wahrscheinlich war es doch ein Fehler, seine kleine Schwester mit im Zelt übernachten zu lassen, dachte er entmutigt. Aber er hatte keine andere Wahl. Martin, der große Bruder der beiden, wollte unter keinen Umständen mit im Zelt schlafen. Zwar hatte er Timo beim Zeltaufbau tatkräftig unterstützt, ihm dann aber eine eindeutige Absage erteilt. Mit Händen und Füßen hatte er sich gewehrt, als Timo ihn fragte. Für derartige *Kinderveranstaltungen*, wie er Timos geplantes Abenteuer abschätzig nannte, sei er nun wirklich schon etwas zu alt, so seine Meinung. Schließlich war Martin schon 16, kam in die 10. Klasse und fühlte sich manchmal bereits wie ein Erwachsener. Außerdem verbrachte er seine Freizeit am liebsten mit seiner Freundin Felizitas, einer eingebildeten Schnepfe, die pausenlos schnatterte wie eine aufgescheuchte Gans, oder so albern kicherte, dass einem die Haare zu Berge standen. Timo konnte einfach nicht verstehen, was Martin an dieser blöden Kuh so toll fand. Und wenn Martin seine kostbare Zeit mal nicht mit Felizitas vergeudete, dann zog er mit seinen Kumpels durch die Gegend. Aber was die Großen während dieser Zeit anstellten, davon hatte Timo keinen Schimmer. Außerdem interessierte es ihn auch gar nicht. Ansonsten war Martin als großer Bruder ganz in Ordnung.

Aber nun hatte Timo zu seinem Leidwesen Nele an der Backe, die unbedingt mit ins Zelt wollte. Ihr ausdauerndes Jammern und Betteln führte am Ende dazu, dass die Eltern dem bittenden Drängen ihrer Tochter folgten und ihr Einverständnis gaben. Wie so oft hatte Nele wieder einmal gewonnen.

»Entweder, du nimmst deine Schwester mit, oder für dich fällt die Übernachtung draußen im Zelt auch aus«, waren die strengen Worte der Mutter. Noch bevor Timo etwas zum Besten geben konnte, kam ein unmissverständliches: »Schluss mit der Diskussion! Du hast gehört, was ich gesagt habe!« Dabei hatte Timo nicht einmal die Gelegenheit gehabt, seine Einwände vorzubringen.

Nele! Nele war eben ein Mädchen und mit Mädchen konnte man als Junge halt nicht viel anfangen. Vor allem, wenn sie jünger waren und sich noch wie kleine, unreife Babys benahmen. Es gab da allerdings ein Mädchen aus Timos Klasse, das irgendwie anders war als alle übrigen Mädchen, die er kannte. Es war immer freundlich und sah zudem umwerfend gut aus: Lange, blonde, leicht gewellte Haare, die in der Sonne wie seidene Goldfäden schimmerten, himmelblaue, strahlende Augen, immer ein sonniges Lächeln im Gesicht – das war Silvana! Wenn die beiden aneinander vorbeiliefen, bekam Timo immer so ein seltsames Kribbeln im Bauch. Seine Beine wurden schlotterweich und sein Herz raste wie ein Presslufthammer. Und wenn das angebetete Mädchen ihm beim flüchtigen Blickkontakt dann noch ein engelsgleiches Lächeln schenkte, war er einfach hin und weg. Meist ärgerte sich der Zwölfjährige danach über seine seltsamen Anwandlungen, die er sich selbst nicht erklären konnte. Derartige Gefühle kannte er bisher nicht. Sie machten ihn unsicher und verlegen. Die anderen Kinder aus seinem Umfeld hatten zum Glück noch nichts bemerkt. Auch Silvana schien ahnungslos zu sein. Aber irgendwann, wenn sich die Gelegenheit ergab, nahm sich Timo ganz fest vor, Silvana anzusprechen und sie zu fragen, ob sie nicht zu zweit einmal etwas unternehmen wollten.

Timo wurde abrupt aus seinen träumerischen Gedanken gerissen. Er hatte nicht viel Zeit nachzudenken, denn Nele quasselte ununterbrochen auf ihn ein.

»Es war etwa so groß wie eine Taube«, schwadronierte sie, wobei sich ihre Stimme beinahe überschlug. »Vielleicht auch etwas größer. Es schwebte einfach so durch das Zelt, ganz ohne Geräusche.« Ihre Miene wurde bitterernst. »Ich glaube, dass es mich sogar gestreift hat, hier am Arm.« Angewidert verzog Nele das bleiche Gesicht zu einer hässlichen Grimasse, während sie ihren rechten Arm langsam anhob. Ein eiskalter Schauer traf sie wie ein scharfer Blitz und durchströmte ihren Körper, der augenblicklich mit einer frostigen Gänsehaut überzogen wurde.

Timo erkannte den Ernst der Lage. Er sah seinen nächtlichen Zeltaufenthalt in Gefahr.

»Nun beruhige dich doch erst mal!«, versuchte der besorgte Bruder behutsam auf Nele einzugehen und ihr aufgewühltes Gemüt zu besänftigen. »Du hast nur geträumt, glaube mir.« Er sah seiner Schwester tief in die Augen. Obwohl der dürftige Schein der kleinen Taschenlampe das düstere Zelt nur spärlich ausleuchtete, sah er Angst und Verzweiflung. »Das Zelt ist verschlossen«, erklärte Timo seiner verängstigten Schwester einfühlsam. »Wie soll ein fliegendes Tier hier hereingekommen und wieder hinausgeflattert sein? Durch die Zeltwand etwa? Siehst du hier irgendwo ein Loch?« Nele saß regungslos da und schwieg trotzig. Sie wirkte wie erstarrt. Timo sah keinen anderen Ausweg, als einen weiteren Versuch zu unternehmen, um seine unfreiwillig unterbrochene Nachtruhe fortzusetzen. Etwas kleinlaut sagte er: »Ich habe doch schließlich auch nichts bemerkt.«

Da trumpfte Nele plötzlich und unerwartet auf. Unbeherrscht schrie sie Timo an: »Wie willst du auch etwas bemerkt haben? Wenn du schläfst, würdest du nicht einmal ein Erdbeben bemerken!« Sie verharrte einen Moment. Dann fing sie mit weinerlicher Stimme an, leise und herzerweichend zu schluchzen. »Ich will weg hier«, wimmerte sie. »Bitte, bring mich nach Hause. Ich möchte in mein Bett, bitte!« Das war es dann wohl, dachte Timo ernüchtert. Er fühlte sich wie ein ruhmreicher Feldherr, der gerade die größte Schlacht seines Lebens verloren hatte. Er war wütend auf seine kleine quengelige Schwester Nele. Aber gleichzeitig breitete sich das Gefühl einer maßlosen Enttäuschung in ihm aus, weil er es nicht geschafft hatte, sie umzustimmen.

»Also gut«, gab Timo gekränkt auf und erklärte bockig: »Dann gehen wir eben zurück ins Haus.« Nichtsdestotrotz konnte er es sich einfach nicht verkneifen, seine aufgestaute Wut an Nele auszulassen. Schließlich war einzig und allein sie mit ihrem zickigen Getue an allem Übel schuld! Was wäre denn gewesen, wenn sie einfach klein beigegeben, sich wieder hingelegt und weitergeschlafen hätte? Aber nein, es musste ja immer alles nur nach ihr gehen. Während ihres gemeinsamen Fußmarsches zurück ins Haus ließ Timo Nele extra vornweg laufen, während er ganz dicht hinter ihr ging. Andauernd schubste er sie genervt und drängte sie somit zum schnelleren Gehen. Timo ging es nicht wirklich zu langsam. Er war einfach nur schlecht gelaunt.

»Lass das, ich kann nicht schneller«, jammerte Nele jedes Mal, wenn sie wieder einen Rüffler von hinten bekam. »Mir doch egal«, gab Timo trotzig zurück. Mehr hatten sich die zwei nicht zu sagen.

Als beide an der Haustür angekommen waren, klingelte Nele sofort Sturm. Sie konnte es kaum erwarten, sich endlich wieder in heimischer Geborgenheit zu wissen. Die erstaunte Mutter öffnete auch gleich.

»Mama, Mama!«, fiel Nele ihr begeistert in die Arme.

»Was ist denn los?«, wollte sie daraufhin besorgt wissen. Misstrauisch schaute sie erst Nele, dann Timo fragend an. »Habt ihr euch gestritten?«

Nele schwieg eisern.

Also fragte sie Timo: »Hast du deine Schwester geärgert?!« Die Frage klang eher wie eine Feststellung, sodass sich für Timo eine Antwort erübrigte.

Stattdessen erwiderte er nur beleidigt: »Ja, sicher doch. Ich habe ja auch sonst nichts Besseres zu tun!« Er ärgerte sich maßlos über diese himmelschreiende Ungerechtigkeit. Denn wer hier wen geärgert hatte, stand schließlich außer Frage!

»Nicht in diesem Ton!«, entgegnete die Mutter entrüstet.

Kurze Zeit später saßen die beiden zerstrittenen Geschwister zusammen mit Mutter und Vater im Wohnzimmer. Sie erzählten den neugierigen Eltern nacheinander ihre unterschiedlichen Betrachtungsweisen zu den unlängst erlebten Begebenheiten und begründeten jeder auf seine Art, warum ihr nächtliches Vorhaben gescheitert war. Als Nele drauflos schnatterte und aufgeregt von dem geheimnisvollen Wesen berichtete, das sie angeblich gesehen und sogar unfreiwillig an ihrem Arm gespürt hatte, standen Timo die Haare zu Berge. »So ein Unsinn!«, dachte er. Am liebsten hätte er Neles blubbernden Redeschwall einfach unterbrochen und den Eltern kurz und bündig erklärt, wie es wirklich war. Nämlich, dass sie einfach nur Angst vor der Dunkelheit hatte und dass die Fantasie mit ihr durchgegangen war. Aber die kleine Schwester ließ ihn überhaupt nicht zu Wort kommen. Sie glaubte den Unsinn, den sie von sich gab, wirklich.

Als alles gesagt war, beschloss der Vater den Abend leise gähnend: »Ich denke, wir gehen jetzt alle ins Bett.« An Timo gewandt, sagte er: »Das gilt natürlich auch für dich. Zelten ist für heute Nacht tabu.«

Damit war für Timo auch das letzte Fünkchen Hoffnung erloschen, die Nacht im Zelt zu Ende bringen zu dürfen. Dass ihm die Eltern nicht erlaubten, allein im Zelt zu schlafen, war ihm völlig klar. Das hatten sie ja von Anfang an gesagt. Aber Nele hatte ihn maßlos enttäuscht. Ihm so in den Rücken zu fallen, obwohl sie doch erst unbedingt mitkommen wollte! Unverzeihlich! Sollte sie doch mit ihren plüschigen Teddybären und ihren albernen Babypuppen glücklich werden, in ihrem kitschig-rosa bezogenen Bett. Abenteuer waren eben nichts für kleine Mädchen.

Martins überraschender Vorschlag

Als Timo und Martin sich am nächsten Morgen im Hausflur begegneten, machte der große Bruder einen erstaunlichen Vorschlag: »Hallo Brüderchen«, sprach Martin in einem ungewohnt vertraulichen Ton, der Timo sofort aufhorchen ließ. »Wie geht's?«

»Gut«, antwortete Timo zurückhaltend. »Warum fragst du?«

»Ich habe von deinem Pech letzte Nacht gehört«, erklärte Martin bedauernd, »dass Nele nicht durchgehalten hat, und dass ihr schon vor Mitternacht wieder zurück gewesen seid.« Martin machte eine Pause.

»Und?«, wollte Timo wissen. Er war misstrauisch. Der wollte doch irgendwas, dachte er.

Freundlich lächelnd setzte Martin eine kumpelhafte Miene auf, legte seine Hand leicht auf Timos Schulter und erklärte gönnerhaft: »Damit die Sache nicht noch mal schiefgeht, komme ich heute Nacht mit ins Zelt und leiste dir Gesellschaft. Brüder müssen doch schließlich zusammenhalten. Außerdem haben wir schon so viel Zeit und Arbeit in den Zeltaufbau gesteckt. Diese Mühe darf doch nicht umsonst gewesen sein. Oder was meinst du?« Mit einem aufmunternden Schulterklopfen beendete Martin das Gespräch, ohne auf eine Reaktion von Timo zu warten. Er zwinkerte seinem Bruder noch einmal aufmunternd zu, drehte sich postwendend um und verschwand.

»Was war das denn jetzt?«, ging es Timo durch den Kopf. Martin hatte vor, mit ihm zusammen im Zelt zu schlafen? Einfach so aus brüderlicher Nächstenliebe? Noch kürzlich trumpfte er großkotzig damit auf, dass er sich als fast Erwachsener zu alt für solche Kinderveranstaltungen fühlte. Timo dachte nach. Ihn quälten Zweifel. Da stimmte doch etwas nicht?! »Ach was«, murmelte er schließlich und warf mit einer flüchtigen Handbewegung alle Bedenken beiseite. »Martin ist eben doch ein klasse Bruder!«

Martins Plan

Timo konnte es kaum erwarten, bis der Abend endlich hereinbrach. Er war unglaublich aufgeregt, denn er freute sich riesig auf die kommende Nacht und auf Martins angekündigte Gesellschaft. Eine echte Männerrunde war natürlich etwas ganz anderes, als andauernd von einer nörgelnden Nele genervt zu werden, die aus Angst vor eingebildeten Gruselgestalten kein Auge zumachte und zudem noch ihre Mitmenschen störte.

Als Timo nach dem Abendessen ins Zelt kam, war Martin schon da. Er werkelte nervös an verschiedenen Kleidungsstücken herum, die er mitgebracht und vor sich ausgebreitet hatte.

»Wozu brauchst du denn die Sachen?«, fragte Timo überrascht. Erschrocken zuckte Martin zusammen. In seinem Übereifer hatte er gar nicht bemerkt, dass Timo hinter ihm stand.

»Ach weißt du…«, stammelte er verlegen. Er wusste nicht so recht, wie er anfangen sollte. Nach einer besinnlichen Pause erklärte er Timo entschlossen: »Ich habe noch etwas sehr Wichtiges zu erledigen.« Er errötete schamhaft. »Es geht um Feli. Sie veranstaltet heute eine große Gartenparty. Ohne ihre Eltern. Da muss ich unbedingt dabei sein. Das ist ganz, ganz wichtig für mich.« Martin schaute seinen Bruder bittend an. »Wenn Mama und Papa denken, dass ich hier mit dir im Zelt bin, schöpfen sie keinen Verdacht. Und ich kann solange bei Feli bleiben, bis die Party zu Ende ist. Schließlich sind doch Sommerferien. Wenn der ganze Trubel vorbei ist, komme ich zurück und leiste dir Gesellschaft. Versprochen! Niemand wird etwas merken. Es sei denn…«

»Es sei denn, ich spiele nicht mit«, fiel Timo Martin ins Wort. Dann verharrte er einen Augenblick. Er dachte nach. Auch Martin schwieg abwartend. »Das heißt, du hast das alles nur gemacht, um bei deiner Felizitas sein zu können«, stellte Timo aufbrausend fest. »Du wolltest mir gar keinen Gefallen tun!« Jetzt versagte Timos gebrochene Stimme beinahe. Er spürte, wie seine

Augen feucht wurden. Nur mühsam gelang es ihm, die Tränen der Wut und der Enttäuschung zurückzuhalten.

Martin erkannte Timos angeknackste Gemütslage. Er wusste, dass er sofort handeln musste und lenkte auch sogleich ein: »Quatsch!«, erklärte er. »Natürlich will ich dir helfen. Und gleichzeitig auch mir. Überleg doch mal: Besser kann es doch gar nicht laufen für uns zwei. Wir bekommen mit meinem Plan beide, was wir wollen. Ist doch genial, oder?«

»Ich weiß nicht«, zweifelte Timo unentschlossen.

Eigentlich war Martins Plan ja wirklich gar nicht so übel, überlegte Timo. Obwohl er mittlerweile felsenfest davon überzeugt war, dass sein Bruder dabei mehr an sich selbst als an ihn gedacht hatte, willigte er schließlich ein. Trotz aller Bedenken – die Sache ging auf. Jeder bekam, was er wollte. Und das war schließlich die Hauptsache. Da hatte Martin vollkommen recht.

»Was denkst du, wie lange wird die Party dauern?«, erkundigte sich Timo neugierig. Ein leichtes Lächeln huschte über Martins siegessicheres Gesicht. Er wusste, dass er Timo überzeugt hatte.

»Das kann ich noch nicht sagen«, erklärte er mit einem schelmischen Grinsen. »Wird sicher nicht so spät werden.« Dann fragte er herausfordernd: »Oder willst du nicht allein bleiben?«

Timo antwortete daraufhin empört: »Was denkst du denn von mir? Heiße ich etwa Nele, bin zehn Jahre alt und noch dazu ein Mädchen?«

Martin hob abwehrend beide Hände in die Höhe. Er wollte ihn zwar aus der Reserve locken, hatte aber nicht damit gerechnet, dass Timo gleich dermaßen aufbrausen würde. »Nein, natürlich nicht!«, gab er belustigt zurück.

»Was gibt es denn da zu grinsen?«, regte Timo sich auf, als er sah, wie sein Bruder sich amüsierte.

Da konnte sich Martin nicht mehr halten. Lauthals prustete er wie von der Tarantel gestochen drauflos. Er lachte mit einer solchen Inbrunst, dass er sich den Bauch halten musste. Es dauerte nicht lange, da ließ sich auch Timo von der Unbeschwertheit des Lachens anstecken und stimmte in die fröhliche Heiterkeit ein.

Nachdem sich die erhitzten Gemüter wieder etwas beruhigt hatten, schickte sich Martin an, seine Kleidung gartenparty- und freundinnengerecht zu wechseln. Im Nu war er umgezogen und geschwind wie ein geschmeidiges Wiesel durch die Zeltöffnung verschwunden. Timo konnte partout nicht verstehen, was sein Bruder an dieser Felizitas, oder Feli, wie er sie immer mit sanfter Stimme und einem Funkeln in den Augen zu nennen pflegte, so toll fand. Warum ausgerechnet Felizitas? Sie sah schließlich nicht annähernd so gut aus wie Silvana.

Alleingelassen und eingemummelt in seinen Schlafsack befiel Timo eine angenehm warme, bleierne Müdigkeit. Die immer schwerer werdenden Augenlider klappten zu. Die Welt um ihn herum entrückte in eine unendlich weite Ferne, die man nur im erholsamen, tiefen Schlaf erreichen konnte. Um seine Mundwinkel zeichnete sich ein leichtes, sanftes Lächeln, als er kaum hörbar den Namen *Silvana* dahinsäuselte. Er war mit sich und der Welt im Einklang.

Ein ungeladener Besucher

Timo schlummerte tief und fest, was ein genussvolles Grunzen und Schmatzen unterstrich. Schnaufend drehte er sich von einer auf die andere Seite. Wie in Trance öffnete er dabei unbewusst die Augen und schloss sie sogleich wieder. »Was war das?«, schoss es ihm urplötzlich durch den Kopf. Zuckend schreckte er auf. Augenblicklich hellwach spürte er mit geschärften Sinnen, dass er nicht allein war. »Martin?«, flüsterte er ängstlich. »Bist du das?« Keine Antwort.

Behutsam, aber etwas lauter als zuvor, fragte er noch einmal nach: »Martin?« Wieder kam keine Antwort. Es war mucksmäuschenstill, beängstigend still. Timo wurde es angst und bange. Wenn Martin nicht im Zelt war, wer oder was schlich dann hier herum? Timo merkte beunruhigt, wie er zu zittern begann. Er schlotterte am ganzen Körper. Schauerliche Szenen spielten sich vor seinem geistigen Auge ab, die ihn keineswegs beruhigten. Hatte Nele am Ende doch recht gehabt mit ihren Hirngespinsten, die gar keine waren? Das Einzige, was Timo in seiner verzweifelten Lage etwas Schutz und Geborgenheit vor dem rätselhaften Unbekannten gab, war sein Schlafsack. In seiner Hülle fühlte er sich am sichersten. Also verkroch er sich darin, soweit es ihm möglich war. Bloß nicht bewegen, nur nicht auffallen!

So verharrte er eine ganze Weile regungslos in dieser Position. Wirre Gedanken kreisten in seinem Kopf, die ihn nicht mehr losließen: Er sah Horrorbilder von blutrünstigen Vampiren, die ihn gierig bis auf den letzten Tropfen aussaugen wollten. Ekelerregende Spinnen und giftige Skorpione krochen über seinen wehrlosen Körper. Meterlange, armdicke Schlangen wanden sich um seinen ungeschützten Leib und drohten, ihn erbarmungslos zu ersticken.

Aber nichts dergleichen geschah wirklich. Eigentlich passierte überhaupt nichts. Trotzdem war Timo absolut sicher, dass er nicht allein im Zelt war. Er konnte es sich selbst nicht erklären, aber er fühlte es so deutlich, dass es einfach wahr sein musste. Wie spät mochte es wohl sein? Die Taschenlampe anzuknipsen, um auf die Uhr zu schauen, wagte er nicht. Das schien ihm zu gefährlich, denn dadurch würde er nur auffallen. Seine einzige Hoffnung, auf die er baute, war, dass Martin endlich kam. Der große Bruder ließ jedoch auf sich warten.

Allmählich verlor Timo die Geduld. Irgendetwas musste er tun. Trotz aller Gefahren, die auf ihn lauern konnten, beschloss er zu handeln. Schließlich konnte er nicht die ganze Nacht in dieser Lage ausharren. Ganz langsam und vorsichtig pellte er sich aus dem Schlafsack. Im Dunkeln tastete er nach der Taschenlampe. Als er sie nach einigem Gefummel endlich gefunden hatte, umfasste er sie fest und atmete noch einmal tief durch. Er konzentrierte sich. Dann schaltete er das Licht ein.

Genauso, wie Nele es unlängst in heller Aufregung getan hatte, leuchtete auch Timo alle Ecken und Winkel des Zeltes sorgfältig aus. Für Timo schien nach den jüngsten Ereignissen Neles aufgeregtes Verhalten gar nicht mehr so absonderlich, ganz im Gegenteil. Wahrscheinlich hatte seine kleine Schwester dasselbe erlebt wie er. Und er hatte nichts Besseres zu tun, als sich in abfälliger Art und Weise über sie lustig zu machen.

Timo strengte sich ungemein an, irgendetwas zu entdecken. Etwas, das nicht ins Zelt gehörte und das sich laufend, kriechend oder fliegend fortbewegte. Und er hoffte aus tiefstem Herzen, dass sich dieses Etwas als harmloses Wesen entpuppte, das am

Ende noch mehr Angst hatte als Timo selbst und schleunigst Reißaus nahm, wenn es entdeckt wurde.

»Da!«, schoss es Timo durch den Kopf. »Da war doch etwas!« Fieberhaft hielt er mit zittriger Hand die Taschenlampe in die verdächtige Richtung. Der gelbe Lichtstrahl gab die Sicht auf Martins Kleidung frei, die er in Vorfreude auf das Wiedersehen mit seiner Freundin beim hastigen Umziehen einfach wahllos und ungeordnet auf einen Haufen geworfen hatte. Timo starrte wie gebannt auf den Stoffberg. Es schien ihm so, als hätten sich die Sachen bewegt. Vielleicht war es ja nur eine Maus, redete Timo sich ein. Er versuchte, sich selbst zu beruhigen.

»Das ist bestimmt nur eine Maus«, murmelte er noch einmal. Vorsichtig griff er mit spitzen Fingern nach Martins Joggingjacke und hob sie zwischen Daumen und Zeigefinger in die Höhe. Doch was er dann erblickte, ließ seinen Atem stocken.

»Das ... das gibt es doch gar-gar ni-nicht?!«, stotterte Timo. Die Augen weit aufgerissen, starrte er leichenblass auf seine bahnbrechende Entdeckung. Er ließ die Jacke aus den zittrigen Fingern nach unten gleiten. Steif wie eine Wachsfigur stand er da.

»Du ...«, presste Timo mit belegter Stimme hervor, »siehst ja genauso aus wie ... wie ein kleiner Flug ... Flugsaurier.« Das fledermausähnliche Wesen saß verängstigt in dem Wäschehaufen. Die Flügel seitlich ausgebreitet, krächzte es mit weit aufgerissenem Schnabel seinem Entdecker entgegen. Wahrscheinlich wollte es Timo mit diesen Drohgebärden einschüchtern, oder ihn gar zur Flucht bewegen. Aufgrund des langen, spitz auslaufenden Schnabels war Timo felsenfest davon überzeugt, dass er tatsächlich einen echten Flugsaurier vor sich hatte und keine gewöhnliche Fledermaus.

Ganz behutsam versuchte er, seine Hand nach dem kleinen Geschöpf auszustrecken. Zack! Beinahe wäre es passiert. Schnell wie ein Blitz schoss der nadelspitze Schnabel nach vorn. Timo konnte seine Hand gerade noch rechtzeitig aus der Gefahrenzone zurückziehen, um nicht ernsthaft verletzt zu werden. Vor Schreck ließ er die Taschenlampe, die er in der anderen Hand hielt, mit einem dumpfen Schlag auf den Boden fallen. Zu allem Übel überstand die Lampe den Aufprall nicht. Sie flackerte noch einmal kurz auf und ging aus. Es war stockfinster.

»Verdammt«, fluchte Timo leise. Wo sollte er die Taschenlampe jetzt suchen? Hoffentlich funktionierte sie überhaupt noch. In der Dunkelheit hatte er keinerlei Orientierung. Wenn er aber mit den bloßen Händen den Boden absuchte, lief er Gefahr, von dem kleinen Raubtier kampfwütig angegriffen zu werden. Timo beschloss schweißgebadet, den Boden sicherheitshalber nur mit den Füßen abzusuchen.

»Hoffentlich erwischt mich das Biest nicht am Fuß«, brummelte er besorgt und scharrte mit den Sohlen seiner Turnschuhe den Zeltboden ab. Dabei war ihm ziemlich mulmig zumute. Denn er hatte ja nicht die geringste Ahnung, wo sich das unbekannte Wesen gerade befand und was es im Schilde führte.

Plötzlich streifte ein schwacher Lichtschein das Zelt. Aber genauso unerwartet, wie das Licht auftauchte, verschwand es auch wieder. Nach einiger Zeit wiederholte sich das Schauspiel. Schließlich wurden die Abstände zwischen Licht und Dunkel immer kürzer, während das rätselhaft flackernde Licht zusehends an Helligkeit gewann.

Für Timo wurde das alles zu viel: Zuerst die Begegnung mit einem Flugsaurier, dessen Art längst ausgestorben sein müsste und dann dieses unheildrohende Licht, das immer näher kam.

Er wurde panisch. Die nackte Angst packte ihn beim Schopfe und hielt ihn fest. Er wusste weder ein noch aus. Am liebsten hätte er laut um Hilfe geschrien. Aber wer sollte ihm aus dieser ausweglos scheinenden Lage helfen? Es war ja außer ihm niemand da, dem er sich anvertrauen konnte. Als er sah, dass sich etwas am Eingang des Zeltes bewegte, verließ ihn auch das letzte Fünkchen Mut. Seine Beine fühlten sich an wie Wackelpudding. Hitze- und Kälteschauer durchzogen abwechselnd seinen Körper. Er fühlte sich dermaßen schwach und hilflos, dass er meinte, jeden Moment in eine Ohnmacht zu fallen.

Martins Rückkehr

»Timo? Ist alles in Ordnung? Ich bin wieder zurück.« Martin stand zufrieden lächelnd in der Zeltöffnung. Er erweckte den Anschein, als hätte er einige schöne Stunden verlebt.

»Martin?« Timo fiel ein tonnenschwerer Stein vom Herzen, als er die vertraute Stimme seines Bruders hörte. »Gottseidank«, seufzte er erleichtert. Martin war es also, der das Zelt auf seinem Weg hierher ständig angeleuchtet hatte. Die ganze Aufregung deswegen war vollkommen umsonst. Timo gab sich große Mühe, sich nichts anmerken zu lassen. Martin musste nicht unbedingt mitbekommen, dass sein kleiner Bruder wegen des Scheins einer Taschenlampe in Panik geraten war. Nur keine Schwäche zeigen, dachte er. Schließlich war er ja kein Weichei! Cool und gelassen wirkend, antwortete er: »Ja klar. Alles in bester Ordnung. Mir ist nur die Taschenlampe runtergefallen. Ich kann sie einfach nicht wiederfinden.«

»Aha«, murmelte Martin beiläufig. Er hatte gar nicht richtig zugehört. »Was hast du denn mit meinen Sachen gemacht?«

»Mit deinen Sachen? Was meinst du?« Timo sah seinen Bruder fragend an. Als Martin sich kopfschüttelnd bückte und seine Hand zum Kleiderhaufen ausstreckte, schrie Timo bestürzt: »Halt! Nichts anfassen!« Martin erschrak und zuckte zurück.

»Spinnst du?«, herrschte er Timo an. »Was soll das?«

»Da war …, da ist …«, stotterte Timo verdattert. Dann sah er auf den Zelteingang, den Martin aufgelassen hatte, und ihm wurde etwas klar: »Da *war* ein kleiner Flugsaurier.«

»Ein Flugsaurier?«, hakte Martin fassungslos nach. Er war sich nicht sicher, ob er eben richtig gehört hatte. Sich mit dem Finger an die Stirn tippend, stellte er überzeugt fest: »Du spinnst wirklich!«

»Nein!«, entgegnete Timo energisch. »Ich weiß doch, was ich gesehen habe! Er war hier in deinen Sachen. Wahrscheinlich hat er mit seinem spitzen Schnabel die vielen Löcher in den Stoff gehackt.« Er blickte zur Zeltöffnung. »Und als du das Zelt aufgemacht hast, ist er abgehauen.«

Martin sah seinen Bruder mitleidig und schweigend an. Dann stellte er besorgt fest: »Du glaubst wirklich, was du da sagst.« Er schüttelte fassungslos mit dem Kopf. »Dinosaurier sind vor 65 Millionen Jahren ausgestorben.«

»Das weiß ich selbst«, erklärte Timo ärgerlich. »Ich habe schließlich genügend Bücher darüber gelesen. Außerdem waren *Flug*saurier keine *Dino*saurier, weil Dinosaurier Urzeitechsen waren, die an Land lebten, während Flugsaurier, wie der Name schon sagt, durch die Luft flogen. Und dann gab es noch die *Mee*ressaurier, die die Meere bewohnten.«

»Papperlapapp, du Klugscheißer!«, winkte Martin ab, »deine Belehrungen kannst du dir sparen. Ausgestorben sind sie trotzdem alle.« Verärgert hob er nun ein Kleidungsstück auf, das tatsächlich so viele Löcher hatte wie ein Schweizer Käse. »Mal abgesehen von deinem *Saurier*, wie erklären wir das hier unserer Mutter?« Er steckte den Zeigefinger durch eines der vielen Löcher. Er passte bequem durch.

»Wir?«, hakte Timo nach. »Was habe ich denn damit zu tun? Wenn du nicht einfach abgehauen wärst, dann hättest du diese Sachen angehabt und nichts wäre passiert.«

Feindselig fauchte Martin zurück: »Man könnte ja fast denken, dass du die Sachen absichtlich durchlöchert hast, weil du dich dafür rächen wolltest, dass ich noch mal weg war.«

Timo hatte genug. Ihm reichte es jetzt! Da Martin ihm sowieso nicht glaubte, hatte es auch überhaupt keinen Sinn, weiter zu streiten. »Ach, denk doch, was du willst«, winkte er ab.

Den Rest der Nacht lag Timo lange wach. Er dachte nach. »Schade, dass der kleine Saurier unbemerkt durch das Zelt nach draußen geschlüpft war, als Martin hereinkam«, ging es ihm durch den Kopf. So konnte er niemandem beweisen, dass er wirklich einen echten Saurier gesehen hatte, eine Spezies, die eigentlich schon lange ausgestorben sein sollte.

Timo nahm sich vor, gleich morgen früh seine Bücher über Saurier zusammenzusuchen. Er musste unbedingt herausfinden, um welche Art Flugsaurier es sich bei dem Exemplar handelte, das ihm begegnet war.

Der Chor der singenden Kühe

»Muuuuh!«, ruft die braun-weiß gefleckte Kuh in bockbeiniger Pose über die Wiese. Ihr dumpfer Ruf dröhnt bis an den nahegelegenen Waldrand, von wo er als schallendes Echo zurückgeworfen wird. Verärgert blicken die anderen Kühe auf. Sie haben sich gerade wie immer wiederkäuend auf den einladend ausgebreiteten Teppich der wärmenden Mittagssonne niedergelegt, um das saftige Gras, das sie reichlich gefressen haben, in aller Ruhe und Gelassenheit zu verdauen.

»He, was soll das?«, ermahnt Erna den Störenfried verwundert. »Warum störst du unsere Mittagsruhe?« Erna ist die älteste und weiseste unter den Kühen. Deshalb wird sie von den übrigen Herdentieren sehr geachtet und hoch geschätzt. Sie allein bestimmt, wo es langgeht und was getan wird, und alle anderen folgen ihr stets treu und brav ohne die kleinste Spur eines auflehnenden Protestes.

»Mir ist langweilig«, nörgelt Maxi daraufhin trotzig. Sie benimmt sich wie ein unfolgsames Kalb. Maxi ist zwar noch recht jung und über alle Maßen hitzköpfig. Aber ein Kalb ist sie dennoch längst nicht mehr. Eher ein prächtig herangewachsenes Jungrind, wenngleich in ihrem ungestümen Verhalten oft etwas unreif. Sie ist das erste Mal mit den erwachsenen Tieren auf der Weide und mag sich so gar nicht unterordnen. Das eintönige Leben einer weidenden Kuh ist ihr einfach zu öde.

»Langweilig?«, fragt Erna zweifelnd. Sie ist sich nicht sicher, ob sie sich eben verhört hat. Auch die anderen Kühe in der Herde starren Maxi argwöhnisch an. »Wie meinst du das?«, fordert Erna nun eine Erklärung.

Maxi sieht erst Erna an. Dann blickt sie in die Runde. Unzählige neugierige, ahnungslose Augenpaare sind auf sie gerichtet. Ratlosigkeit, aber auch Unverständnis breiten sich aus. ‚Was fällt dieser eigenwilligen Maxi denn ein?‘, mögen sich die anderen denken. ‚Will sie alles auf den Kopf stellen?‘ Aber Maxi lässt sich nicht verunsichern. Schließlich weiß sie ganz genau, was sie will. Und prompt platzt es aus ihr heraus: »Wir könnten doch gemeinsam ein Lied singen!«

Augenblicklich herrscht absolute Stille. Mit allem haben die überraschten Herdentiere gerechnet. Aber nicht damit! Vor Schreck vergessen die trägen Tiere sogar, ihre ständig vor sich hin kauenden Mäuler auf und ab zu bewegen.

»Singen?« Erna ist die Erste, die ihre abhandengekommene Fassung wiedererlangt. Mit weit geöffnetem Maul steht sie da und lässt vor Entsetzen sogar ein bereits gut durchgekautes Grasbüschel auf den Boden plumpsen, anstatt es einfach rechtzeitig hinunterzuschlucken. »Aber wie kommst du denn auf solch eine absurde Idee?«, erkundigt sie sich nach einigem Zögern verblüfft. »Vergiss nicht, wir sind Kühe. Hast du schon jemals singende Kühe gesehen?«

»Gehört«, verbessert Maxi altklug. »Wenn jemand singt, dann kann man das hören und nicht sehen!«

Erna reagiert auf den soeben erhaltenen Rüffler leicht verärgert. Widerworte ist sie ganz und gar nicht gewöhnt. Sie gilt als allwissend. Ihre Meinung ist Gesetz! Und nun maßt sich ausgerechnet die freche Maxi, das Nesthäkchen in ihrem Gefolge, doch wirklich an, dieses Gesetz mit ihrem vorlauten Mundwerk zu brechen und sie vor allen anderen zu belehren und damit bloßzustellen?! Unglaublich! Zumal Maxi als Jüngste unter den Kühen in ihrer Herde vor nicht allzu langer Zeit noch als hilfloses Kalb mit dünnen Stelzenbeinchen gebrechlich hinter ihrer Mutter her stakste.

»Ja, natürlich kann man es *hören*, wenn jemand singt und nicht sehen«, reagiert sie mit gespielter Überlegenheit. Sie räuspert sich. Dann zuckt sie mit dem rechten Ohr. Das tut sie oft, wenn sie unsicher ist. »Das weiß ich selbst. Ich habe mich nur versprochen«, fügt sie sogleich bestimmt hinzu und damit ist die allzu peinliche Sache ein für alle Mal für sie erledigt. »Aber trotzdem! Kühe können nicht singen!«, betont sie abschließend jedes einzelne Wort mit der nachdrücklichen Absicht, unwiderruflich zur gewohnten Tagesordnung überzugehen. Aber da hat die alte Kuhdame die Rechnung ohne die starrköpfige Maxi gemacht.

Herausfordernd bietet diese ihrer Widersacherin die Stirn: »Aber wir könnten es doch wenigstens einmal versuchen! Wenn alle mitmachen, könnten wir im Chor singen.«

»Hör mal, du Nervensäge!«, schimpft Erna nun erbost. Sie will dem ganzen Theater endlich ein Ende bereiten. »Jetzt ist Schluss! Du kannst hier nicht alles durcheinanderbringen mit deinen unmöglichen Ideen. Wir sind ganz gewöhnliche Kühe, stehen auf der Weide und fressen Gras. Tagein, tagaus. Das war schon immer so und genauso wird es auch bleiben. Ob du nun damit einverstanden bist oder nicht. Da kann auch ein Einfaltspinsel wie du nichts daran ändern!«

Erna will sich partout nicht auf Maxis Vorschlag einlassen. Warum auch? Jahr für Jahr stehen die Kühe auf der Weide, zupfen tagtäglich das saftige Gras ab und füllen ihre Bäuche, um sich anschließend wiederkäuend eine Ruhepause zu gönnen. Es geht ihnen gut. Sie fühlen sich wohl in ihren Kuhhäuten, sind sorglos, unbekümmert und gern auch etwas faul.

Aber genau das möchte Maxi ändern. Ihr ist dieses langweilige, schweigsame und einfallslose Leben zuwider. Deshalb gibt sie nicht auf. Sie blickt enttäuscht, aber auch maßlos verärgert auf einen Haufen schweigsamer, gleichgültiger Kühe, die sich schläfrig die wärmende Mittagssonne auf die Felle brennen lassen und dabei gedankenlos vor sich hin dösen. Sie weiß, dass es nicht leicht sein wird, ihr Vorhaben in die Tat umzusetzen, wenn sie die ausdruckslosen Mienen ihrer bemitleidenswerten Artgenossinnen beobachtet.

»Du hast ja recht«, beginnt sie versöhnlich auf Ernas resolute Standpauke einzugehen. Mit ihrer vorgetäuschten Einsicht versucht sie, Ernas Gunst nicht ganz zu verlieren. Nur so ist es möglich, den nächsten Schritt zu gehen, um ihrem Ziel ein Stück näher zu kommen. Und sie hat Erfolg. Ernas abweisende Haltung wandelt sich zusehends. »Aber weißt du«, beginnt Maxi nun von neuem, ihr recht eigensinniges Vorhaben vorzubringen, »es gibt so viele wundervolle Sänger in der Natur: Um uns herum singt und klingt es, rauscht und braust es, zischelt und säuselt es, bebt und poltert es ...«

»Genug!«, erschallt Ernas mahnende Stimme. »Du musst mir jetzt nicht alles aufzählen, was es an Geräuschen, Tönen, Stimmen und Lauten gibt. Ich lebe schon etwas länger als du auf dieser Welt. Ich habe bestimmt auch schon mehr gehört. Da kannst du ganz sicher sein.« Etwas strenger fährt sie fort mit der Frage: »Aber was willst du mir eigentlich sagen?«

»Nun«, antwortet Maxi bereitwillig, »nicht nur die Vögel können singen, obwohl sie das in ihrer maßlosen Überheblichkeit meist denken. Auch das Rauschen der Bäume aus der Ferne, der pfeifende Wind, wenn er tobend um die Ecke peitscht, der rieselnde Bach, der sprudelnd durch das Tal plätschert – sind das alles nicht wunderschöne, unnachahmliche Klänge?« Maxi verstummt für einen Augenblick und schaut Erna erwartungsvoll an. Erna hört neugierig zu, was ihr Maxi sagt.

Das stimmt die Rednerin sehr zufrieden und so spricht sie begeistert weiter: »Aber warum sind wir nicht auch ein Teil des großen Chores der Natur? Weshalb stimmen wir nicht mit ein in das außergewöhnlich wohlklingende Konzert der Lieder?«

Maxi macht eine kurze Pause. Alle um sie herum durchbohren sie mit ihren fragenden Blicken. Knisternde Neugier liegt in der lauen Luft. Grund genug für Maxi, mit ungebremster Begeisterung fortzufahren: »Wir haben alle völlig unterschiedliche Stimmen«, erklärt sie. »Die eine ist laut, die andere leise. Es gibt dunkle, brummige, kratzige und dröhnende Stimmen, aber auch helle, feinsinnige und sanfte. Lautstark und leise, hoch und tief, klangvoll und heiser – ein jeder von uns klingt anders. Und einzeln sind unsere Stimmen völlig gewöhnlich und ohne Bedeutung. Wenn man aber all unsere ungleichen Stimmen geschickt zusammenfügt, dann entsteht ein Klang von unvorstellbarer Anmut und Grazie. Davon bin ich fest überzeugt!«

Erna ist unsicher. Noch nie zuvor hat sie einen solch eigensinnigen Vorschlag gehört. Aber sie hat auch noch nie eine so rührige und begeisterte Rede von einer ihrer Mitkühe erlebt. Maxi hat es in ihrem unermüdlichen Eifer sogar geschafft, ein Fünkchen wahrhaftes Interesse bei ihren von müßiger Trägheit gearteten Gefährtinnen zu wecken. Und das ist außerordentlich bemerkenswert!

Tief beeindruckt antwortet Erna: »Ich werde über deinen Vorschlag nachdenken.« Aber als sie sieht, wie sich Maxis Miene glückstrahlend aufhellt, dämpft sie die aufkeimende Hoffnung sofort und holt Maxi wieder zurück auf den Boden der Tatsachen. Bestimmend und in einem Tonfall, der keinen Widerspruch duldet, fordert sie entschieden: »Ich gebe dir bis morgen früh Zeit. Wenn du uns alle bis dahin wirklich überzeugt hast, dass dein wunderlicher Plan tatsächlich funktioniert, werden wir es versuchen. Alle gemeinsam. Versprochen.« Als sie »wunderlicher Plan« sagt, rollt sie argwöhnisch mit den Augen. Ein untrügliches Zeichen für die Zweifel, die sie nach wie vor hegt. Dann dreht sie sich unvermittelt um und schleppt wackelnd ihren pechschwarzen, schwabbeligen Körper von dannen, um sich wieder ihrem einfachen, genügsamen Kuhleben zu widmen. Dabei peitscht sie unaufhörlich mit dem langen, dünnen Schwanz die leidigen Fliegen in die Flucht, die lästig in einem großen Schwarm hinter ihr her summen. Aufgebracht kreisen die unzähligen Brummer wild surrend durcheinander, um sich dann wieder zusammenzufinden und einen nächsten organisierten Angriff zu wagen.

Maxi beobachtet das beharrliche Treiben der angriffslustigen Fliegen mit großem Interesse. Sie staunt über die Einigkeit und Geschlossenheit der umherwimmelnden Winzlinge, die zusammenhalten wie Pech und Schwefel, wenn sie sich mit viel größeren Geschöpfen wie zum Beispiel den korpulenten Kühen anlegen. Weil sie wissen, dass sie allein in ihrer kümmerlichen Schwäche nicht viel ausrichten können und nur in der großen Gemeinschaft stark sind. Ein solches Gefühl des gleichgesinnten Einklangs wünscht sich Maxi auch für sich und ihre Herde. Aber sie weiß, dass sie weit davon entfernt sind.

Maxi ist enorm aufgeregt. Sehr lange und immer wieder aufs Neue hat sie sich in der Vergangenheit ernsthaft Gedanken darüber gemacht, wie sie das langweilige und eintönige Dasein in ihrer ermüdenden Gemeinschaft mit erquickender Lebendigkeit und sprühender Lebensfreude bereichern kann. Und sie will schon fast aufgeben. Doch da hört sie aus der Ferne quirliges Vogelgezwitscher. Ganz in ihrer Nähe raschelt etwas im Gras. Bienen summen in gleichmäßigen, leisen Tönen. Irgendwo weit weg erschallt der dröhnende Ruf eines mächtigen Hirsches. Wassertropfen plätschern im gleichmäßigen Abstand auf einen Stein … Und je mehr Maxi den unterschiedlichen Geräuschen, fremdartigen Stimmen, einzigartigen Lauten und rätselhaften Tönen lauscht, die in ihren Ohren immer mehr zu einer einmaligen, harmonischen Melodie verschmelzen, fällt es ihr wie Schuppen von den Augen: ‚Musik! Musik ist etwas, was jeder kann. Musik macht fröhlich und weckt die Lebensgeister. Musik bringt sogar träge, faule Kühe wieder auf Trab!'

Emsig bemüht sich Maxi, die anderen Kühe von ihrer bahnbrechenden Absicht zu überzeugen, allesamt in den einzigartigen Chor mit einzustimmen – den Chor der singenden Kühe! Dazu bedarf es jedoch zunächst einiger Überzeugungsarbeit. Denn keine der schwerfälligen Kühe ist sofort bereit, Maxis Ansinnen widerstandslos zu folgen. Vielmehr sind sie bestrebt, ihr gewohntes, müßiges Leben unbeschwert fortzuführen. Ohne hindernde Zwischenfälle, die ihren Seelenfrieden zu stören drohen. Deshalb geht Maxi feinfühlig auf jede einzelne Kuh ein und versucht auf diese Weise geschäftig, sie allesamt auf ihre Seite zu ziehen. Und so hat sie es nach einiger Zeit härtester, nervenraubender Überredungskünste, Schmeicheleien, Lobhudeleien und gespielter Höflichkeiten endlich geschafft, Gerda, Hanna, Maja,

Berta, Emma, Conni, Susi, Fritzi und den gesamten Rest der Herde davon zu überzeugen, sich am geplanten Chorgesang zu beteiligen. Wenngleich einige unter den Kühen nach wie vor argwöhnisch sind und an einen wirklichen Erfolg so gar nicht recht glauben wollen.

Als es bereits dunkel wird und der lange Tag sich dem unausweichlichen Ende neigt, legt sich Maxi zufrieden zwischen die anderen, bereits schlummernden Kühe. Es dauert noch lange, bis sie einschläft. Sie blickt verträumt hinauf zum vollen Mond. Der lächelt ihr beistehend zu. Eingelullt in den dunklen Mantel der Nacht fällt sie schließlich in einen tiefen, traumlosen Schlaf.

Am nächsten Morgen ist Maxi die Erste, die erwacht. Sie ist dermaßen aufgeregt wegen des bevorstehenden Ereignisses, dass sie es einfach nicht länger aushält. Als die ersten, wärmenden Sonnenstrahlen der aufgehenden Morgensonne ihre feuchte Nase kitzeln, springt sie geschwind auf. Es bahnt sich ein schöner Sommertag an. Noch schlaftrunken taumelt sie auf wackeligen Beinen zu den anderen Kühen, um sie zu wecken. Grob stupst sie eine schläfrige Kuh nach der anderen an, um sie rasch wach zu bekommen. Jedoch ist ihr beherztes Vorhaben keineswegs so einfach, wie sie sich das vorstellt. Mürrisch und übel gelaunt reagieren die Kühe abweisend mit weit geöffneten, gähnenden Mäulern. Halbwach drehen sie sich empört von Maxi weg. Sie wollen noch nicht aufstehen. Denn sie sind es nicht gewöhnt, zu so früher Stunde bereits munter zu sein. Und sie sehen auch nicht ein, warum das ausgerechnet heute anders sein soll.

Aber Maxi gibt sich noch lange nicht geschlagen. Immer wieder bedrängt sie die widerborstigen Kühe nacheinander so aufdringlich, dass sie schließlich griesgrämig aufgeben. Schwerfällig erheben sie sich auf ihre schwachen Beine und trotten abgestumpft und gleichgültig zur Tränke, um sich schlabbernd an dem frischen Wasser zu laben.

»Nun, wie sieht es aus?«, ertönt Ernas strenge Stimme hinter Maxi. »Hattest du Erfolg?« Maxi hat Ernas Anwesenheit längst gespürt. Bereits als der massige Körper der alten Kuhdame einen großen, bedrohlich wirkenden Schatten auf sie geworfen hat.

Maxi dreht sich geschwind um. »Ja, klar!«, spricht sie frohgemut. Ihre Stimme überschlägt sich fast vor freudiger Erregung. »Ich habe mit allen gesprochen. So, wie du es wolltest.« Stolz fährt sie fort: »Und jede einzelne Kuh hat sich bereit erklärt, mitzumachen.« Erwartungsvoll strahlend schaut Maxi Erna in die Augen. Die hält dem ungeduldigen Blick stand. Aber das ist auch nicht anders zu erwarten, denn Erna bringt so leicht nichts und niemand aus der Ruhe. Regungslos abwartend hört sie zu, was Maxi ihr zu sagen hat: »Nun musst du dein Versprechen aber einhalten«, fordert Maxi daraufhin. »Wir werden gemeinsam versuchen, zu singen! Ach, was! Was heißt versuchen? Wir werden es einfach tun! Ich weiß genau, dass wir das können. Genauso war es ausgemacht!«

»Natürlich«, antwortet Erna leicht genervt. Sie glaubt immer noch nicht, dass Kühe wirklich singen können. Aber sie hat es nun mal versprochen. Und auf ihr Wort kann man sich immer verlassen.

Maxi ist der festen Überzeugung, dass nun nichts mehr schiefgehen kann. Also macht sie sich behände ans Werk. »Kommt alle herbei!«, ruft sie verlangend. Aber sie erntet keineswegs Beifall heischende Zustimmung oder spürt gar übereifrigen Tatendrang, wie sie es eigentlich erwartet hat. Ganz im Gegenteil! Alles, was sie vorfindet, ist ein Haufen gelangweilter Rindviecher, die allesamt dumm aus der Wäsche glotzen! Maxi ist verärgert, maßlos enttäuscht und über alle Maßen wütend. Sie schämt sich sogar ein wenig, weil sie zu ihrem Leidwesen auch ein Teil dieser gleichgültigen, nichtstuerischen Bande ist, zu der sie sich in diesem Augenblick überhaupt nicht hingezogen fühlt. Aber sie ist leider nicht imstande, etwas dagegen zu tun. Schließlich kann sie sich nicht einfach aus ihrer Kuhhaut zwängen und sich eine andere Hülle zulegen.

Hilfesuchend blickt sie zu Erna hinüber, die etwas abseits steht und die verzwickte Situation abschätzend beobachtet. Aber Erna verschwendet keinen noch so kleinen Gedanken daran, ihr aus der misslichen Lage zu helfen. Dabei ist die besonnene Herdenälteste die Einzige, auf die die übrigen Kühe bedingungslos hören. Sie braucht nur ein einziges, klitzekleines Machtwort zu sprechen und alles wendet sich für Maxi zum Guten.

Aber die betagte Erna denkt gar nicht daran, sich einzumischen. Trotzig gibt sie zum Besten: »Du hast dir die Suppe selbst eingebrockt. Nun sieh zu, wie du sie auch allein auslöffelst!«

Wie ein Blitz aus heiterem Himmel treffen die scharfen Worte zielsicher in Maxis Herz und durchbohren es. Maxi fühlt den stechenden Schmerz. »Aber …, sie haben es mir doch … versprochen?!«, jammert sie mitleiderregend. Enttäuscht entfernt sie sich in erbärmlicher Stimmung von ihrer Herde. Sie möchte einfach nur allein sein, nichts und niemanden hören oder sehen. Unglücklich legt sie sich unter einen großen, schattigen Baum, ringelt sich zu einem rundlichen Knäuel zusammen und schließt die traurigen Augen. Tränen der maßlosen Enttäuschung quellen aus ihren geschlossenen Augenlidern. In einem unendlichen Meer aus Selbstmitleid badend, schläft sie ermattet ein.

»Los du Schlafmütze, steh endlich auf!« Maxi erwacht allmählich nach und nach aus dem Tiefschlaf. Die eindringliche Stimme, die pausenlos fordernd auf sie einredet, wird immer lauter und deutlicher. Langsam beginnt auch ihr leerer Kopf seine Arbeit aufzunehmen und die zerstreut durcheinandergeratenen Gedanken bündeln sich zu einem wohlgeordneten Strang, der sie wieder glasklar denken lässt.

»Erna?«, fragt sie verschlafen.

»Was fällt dir ein, am hellen Tag bei strahlendem Sonnenschein ein Nickerchen zu machen?«, schimpft Erna mit fester Stimme zurück. Aber Maxi spürt, dass Ernas Strenge nur gespielt ist. Sie öffnet blinzelnd die Augen. Vor ihr steht, wie sie es erwartet hat, in ihrer gänzlichen Größe und in ihrer beachtlichen Breite Erna. Aber sie ist nicht allein gekommen. Eine ganze Herde gut gelaunter, fröhlich dreinblickender Kühe steht geschlossen hinter ihr! Und zwar nicht irgendeine Herde. Maxi kennt sie alle. Es ist ihre Herde!

»Aber was ...?«, stammelt Maxi verwirrt. Ihr Herz rast. Sie ist dermaßen überrascht von dem einmaligen Anblick, der sich ihr bietet, dass sie keinen vernünftigen Satz herausbringt. Diese Einheit! Diese Geschlossenheit! Mit allem hat sie gerechnet, aber nicht damit! »Wie ..., ich dachte ...«, stottert sie weiter.

»Du dachtest, wir lassen dich im Stich«, stellt Erna sachlich in aller Ruhe fest und hilft Maxi damit aus ihrer peinlichen Lage.

Maxi nickt verdattert.

Dann erklärt Erna: »Ich habe noch einmal mit allen gesprochen. Und wir sind gemeinsam zu dem Schluss gekommen, dass wir dir helfen sollten. Wenngleich dein Ansinnen für die meisten von uns nach wie vor etwas merkwürdig erscheint. Übrigens auch für mich.« Sie dreht den Kopf und schaut ihre Gefährtinnen der Reihe nach an. Sie erntet zustimmendes Nicken. Aber wer würde es letztendlich auch wagen, der allmächtigen Erna zu widersprechen?! Sicher hat sie die eine oder andere unwillige Kuh auch mit etwas Nachdruck dazu genötigt, Maxis Plan zuzustimmen und sie bei seiner Umsetzung zu unterstützen. Zufrieden fährt Erna an Maxi gewandt fort: »Schließlich haben wir es dir versprochen und auf das Wort eines jeden von uns muss Verlass sein. Letztendlich gehören wir doch alle zusammen. Wir sind eine große Gemeinschaft, in der wir nur zusammen stark sind.«

Diese Worte legen sich wie Balsam auf Maxis Seele.

Maxi ist überglücklich. Sie könnte die ganze Welt umarmen! Aber die ganze Welt – wann soll sie da fertig werden? Also entschließt sie sich kurzerhand, alle Kühe aus der Herde einzeln in herzlicher und ehrlicher Dankbarkeit an sich zu drücken – Gerda, Hanna, Maja, Berta, Emma, Conni, Susi, Fritzi und den gesamten Rest der Herde!

»Auf, auf!«, fordert Maxi mit Nachdruck. Sie ist aufgeregt wie nie zuvor in ihrem Leben. Zu ihrer Überraschung folgen die Kühe allesamt ihrer dringlichen Aufforderung stehenden Fußes. »Stellt euch alle im Kreis um mich herum auf!«

Neugierig tun die Kühe, was ihnen aufgetragen wird. Maxi ist ein wenig stolz auf sich. Schließlich ist sie die Jüngste von allen, dennoch hat sie es mit eiserner Standhaftigkeit und der ihr eigenen verbockten Sturheit geschafft, die gesamte Herde dazu zu bewegen, sich ihrem Willen zu beugen. Alle hören ausschließlich auf ihr Kommando! Natürlich ist das Ganze nur möglich durch die Hilfe von Erna, der altehrwürdigen Herdenältesten und Anführerin der müden Schar. Ohne sie wäre es erst gar nicht so weit gekommen. Das weiß Maxi natürlich und dafür ist sie der betagten Kuhdame unsäglich dankbar.

Schließlich steht die gesamte Kuhherde im regellosen Kreis um Maxi herum. Alle blicken erwartungsvoll auf die forsche, junge Kuh, die es in ihrer unnachahmlichen Wesensart fertiggebracht hat, die bisher unerschütterlichen Mauern ihres geregelten und überdies sehr bequemen Lebens aufzubrechen.

Nun beginnt Maxi eifrig, die einzelnen Kühe nach dem ihnen eigenen Stimmvermögen zu sortieren, um Ordnung in den durcheinandergewirbelten Haufen zu bekommen.

»Maja, Susi, Conni! Ihr stellt euch ganz nach rechts!«, ordnet Maxi sogleich resolut an. »Ihr habt die tiefsten Stimmen.« Danach werden Berta, Hanna und Gerda aufgerufen, deren Stimmen zwar noch sehr gehaltvoll sind, aber in ihrer Tonlage doch schon etwas höher klingen. Und so folgt eine Sängergruppe nach der anderen, streng aufgeteilt nach den ihnen eigenen Stimmen. Selbst die stolze Erna ordnet sich widerstandslos in die einzigartige Gesangsformation ein. Ganz zum Schluss an der linken Seite stehen Emma und Fritzi mit ein paar anderen. Sie verfügen über die höchsten Stimmen.

Geschafft! Der einzigartige Chor der Kühe steht in Reih und Glied. Genauso, wie die stolze, selbst ernannte Chorleiterin Maxi es sich vorgestellt hat. Fünf Gruppen sind im Zuge der sorgfältigen Auswahl entstanden.

»Bewundernswert, wie unterschiedlich und dennoch auch einzigartig wir doch alle sind«, staunt Maxi. Nun nimmt sie einen gerade gewachsenen, langen Ast ins Maul. Schließlich ist sie als Chorleiterin auch gleichzeitig Dirigentin. Und Dirigenten brauchen unbedingt einen Stab zum Dirigieren!

»Achtung!«, nuschelt sie. Ihre Aussprache ist jetzt zwar recht undeutlich, weil sie ihren Dirigentenstab zwischen den Zähnen hält und deshalb beim Sprechen das Maul nicht richtig öffnen kann, aber die angehenden Chorsänger verstehen sie trotzdem gut genug. Alle schauen mit fragenden Mienen gebannt auf sie. Dann erklärt Maxi selbstbewusst: »Ihr müsst immer zu mir sehen! Wenn ich mit meinem Stab auf eine Gruppe zeige, dann singt ihr in der Gruppe gemeinsam los! So laut, wie ihr nur könnt. Die anderen, nicht angezeigten Gruppen haben in dieser Zeit zu schweigen!« Maxi erntet zustimmendes Nicken. Zufrieden spricht sie weiter: »Wenn ich den Stab aber hin und her schwenke, bedeutet das für euch, dass ihr alle zusammen singen müsst.« Wieder nicken die anderen und Maxi ist sich sicher, dass jetzt nichts mehr schiefgehen kann. »Also los!« ordnet sie begeistert an.

Und schon geht es los!

Zur Probe lässt Maxi alle fünf Gruppen ihre Stimmen noch einmal einzeln erklingen. Sie zeigt mit ihrem Dirigentenstab ganz rechts auf die erste Gruppe, in der sich die Sängerinnen mit den tiefsten Stimmen befinden. »Möööööh!«, erklingt es vielstimmig und lautstark, fast dröhnend. Maxi nickt anerkennend. Nun folgt die zweite Gruppe. »Mööäääh!« erschallt es durch den Raum. Dann ertönt ein hallendes »Määüüh!«, ein mäßiges »Müüüüh!«, und ganz zum Schluss ein nicht ganz so kräftiges, sondern eher ein piepsendes »Miiiih!«.

Maxi ist mit dem kläglichen Gesäusel der letzten Gruppe gar nicht zufrieden. Sie schüttelt schulmeisterlich mit dem Kopf. Streng verlangt sie eine sofortige Wiederholung. »Bitte noch einmal!«, fordert sie mit Nachdruck. »Und so laut ihr könnt! Gebt euch bitte etwas mehr Mühe!«

Emma, die der letzten Gruppe angehört, ist schwer beleidigt. »Wir waren genauso gut wie die anderen!«, regt sie sich empört auf. »Das ist ungerecht«, stellt sie verärgert fest. Fritzi und die anderen Gruppenmitglieder fallen nun ebenfalls böse schimpfend über Maxi her.

Maxi ist unsicher. Ihre Beine werden schlotterweich. Den Boden, auf dem sie steht, spürt sie nicht mehr. Sie befürchtet, die Kontrolle über alles zu verlieren. Sie fühlt sich so elend wie ein wehrloses Opfertier, das von einem Rudel hungriger Wölfe in die Enge getrieben wird, um dann gierig zerfleischt zu werden. Mit so viel Widerstand hat sie in ihren kühnsten Träumen nicht gerechnet. Besonders jetzt, wo alles einen so guten Anfang genommen hat.

Hilflos schaut sie sich um. Da erblickt sie Erna. Erna ist ihre letzte Hoffnung, die Rettung in der Not. Nur sie kann ihr jetzt noch aus der Patsche helfen! Herzerweichend schaut Maxi Erna bittend an. Die blinzelt Maxi überraschenderweise zu. Die alte Kuhdame zeigt sich tief beeindruckt von dem, was Maxi bisher auf die Beine gestellt hat. Deshalb ergibt sich für sie gar nicht erst die Frage, ob sie helfen soll oder nicht. Stattdessen tut sie es unverrichteter Dinge.

»Nun mal nicht so störrisch!«, herrscht Erna die schimpfenden und nörgelnden Kühe an. Sofort tritt Ruhe ein. Die eben noch unzufriedene, zänkische Kuhherde, die sich wie eine ungezogene Kinderschar aufführt, nimmt augenblicklich Haltung an. Eine spannungsgeladene Stimmung liegt in der Luft. Bereit, sich jeden Moment explosionsartig zu entladen. Alle starren wie hypnotisiert auf Erna, ihre allmächtige Anführerin. »Wenn Maxi sagt, dass sie nicht zufrieden ist, dann hat sie sicher ihre berechtigten Gründe«, ermahnt Erna die Anwesenden. »Wir haben versprochen, ihr zu helfen. Folglich werdet ihr gefälligst tun, was sie sagt. Sie ist der Boss!«

Das hat gesessen. Ernas Standpauke des aufsässigen Benehmens einiger schlecht gelaunter, quengelnder Kühe wegen, verfehlt ihre Wirkung nicht. Sofort ordnen sich auch die eben noch am meisten rebellierenden Kühe den gestrengen Anordnungen Ernas unter. Selbst Emma hat keine andere Wahl. Auch sie fühlt sich gegenüber der höheren Gewalt unterlegen und gibt sich enttäuscht geschlagen.

»Danke!«, haucht Maxi Erna leise seufzend ins Ohr. Sie ist ihrer Herdenanführerin ehrlich dankbar und sie nimmt sich aufrichtig vor, diesen großartigen Dienst, den sie als Älteste in der Herde dem Nesthäkchen mit ihrem rückhaltlosen Beistand erwiesen hat, niemals zu vergessen. Vielleicht bietet sich für Maxi ja auch irgendwann einmal die Gelegenheit, Erna aus einem Schlamassel zu helfen? Dann wird sie ihr, ohne zu zögern, zur Seite stehen!

Erna zuckt unterdessen nur zweimal kurz mit dem Ohr, in das soeben das Wörtchen ‚danke' hineingesäuselt wurde, als wollte sie das leidige Wort achtlos wieder hinausschütteln. Anschließend hebt und senkt sie zustimmend mehrmals kaum auffallend den Kopf und stellt sich dann wieder schweigend in die ihr zugewiesene Reihe. So ist sie eben. Gefühlsduseleien sind ihr fremd. Sie wehrt sich leidenschaftlich dagegen, Gefühle zu zeigen, weil sie glaubt, dadurch etwas von ihrem Ansehen und ihrer Achtung den anderen gegenüber einbüßen zu müssen. Aber insgeheim verbindet Maxi und Erna doch eine gewisse Zuneigung. Das spürt Maxi ganz tief in ihrem Herzen.

Um nicht allzu viel Zeit zu verlieren, beschließt Maxi genau da weiterzumachen, wo ihr gewichtiges Vorhaben durch die anmaßende Revolte einiger aufmüpfiger Kühe unterbrochen wurde. Dass es jetzt nicht noch einmal zu einem solch unliebsamen Zwischenfall kommen wird, ist sie sich absolut sicher. Ernas Maßregelungen haben gesessen wie ein Peitschenhieb. Keine der anderen Kühe wird es in der nächsten Zeit wagen, ihr zu widersprechen.

Alle anwesenden Kühe haben inzwischen wieder gehorsam ihre Plätze eingenommen, die ihnen zu Beginn von Maxi zugewiesen worden sind. Maxi hebt den Taktstock und zeigt auf die linke Gesangsgruppe. Und wieder erklingt ein klägliches »Miiiih!«.

»Noch einmal!«, fordert sie aufmunternd. »Ich weiß, dass ihr das viel besser könnt!« Dann schaut sie Emma, die vorhin den garstigen Streit vom Zaume gebrochen hat, versöhnlich an. »Bitte«, spricht Maxi nun mit weicher Stimme.

»Na also«, stellt Emma zufrieden triumphierend fest. »Es geht doch!« Dann schaut Emma die anderen in der Runde herausfordernd an. »Also los!«, spricht sie zu ihnen. »Zeigen wir mal, was wir können!«

Maxi gibt erneut ein Startzeichen. Und nun vernehmen ihre Ohren endlich genau das, was sie sehnlichst erhofft und ungeduldig erwartet hat. »Müüüüiiih!«, klingt es vielstimmig aus vollen Tönen. Jede einzelne Kuh lässt ungehemmt all das heraus, was in ihr steckt. Und das ist eine beachtliche Menge! Sie wollen alle gemeinsam beweisen, dass sie mindestens so gut sind wie die anderen vier Gruppen, mit deren Gesang Maxi gleich zufrieden war.

»Prima! Klasse! Spitze!«, sprudelt es freudig aus Maxi heraus. Sie ist dermaßen hibbelig und aufgedreht, dass sie beinahe die Kontrolle über ihr Tun und Handeln verliert. Vor Aufregung lässt sie sogar ihren Taktstock zu Boden fallen. Erschrocken über ihr unbeherrschtes Verhalten fängt sie sich jedoch rasch wieder, hebt geschwind den Stock auf und besinnt sich, dem angestrebten Ziel bereits sehr nahe wissend, auf ihre selbstauferlegte Aufgabe.

Noch einmal geht sie der Reihe nach gefühlsbetont auf alle fünf Gruppen ein und lässt sie einzeln singen. Erst nacheinander, so wie sie stehen. Aber diesmal von links nach rechts, also von den höchsten zu den tiefsten Tönen. Und alle Kühe ohne Ausnahme machen gehorsam mit. Erst folgen sie nur mäßig willig Maxis Anordnungen. Aber als sie hören, welch wundervolle Klänge sie selbst erwirken können, wenn sie sich Mühe geben, macht es ihnen sogar einen Heidenspaß, als stimmgewaltige Sängerinnen aufzutreten.

Maxis Stimmung ist auf dem Höhepunkt angelangt. Sie könnte jauchzen und jubeln vor Freude. Aber sie weiß, dass sie auf gar keinen Fall die Fassung verlieren darf und sich unbedingt beherrschen muss. Ohne ihre strenge Hand würde sofort wieder ein heilloses Chaos entstehen und alle Kühe wären nur noch darauf bedacht, das zu tun, wonach ihnen trachtet. Also bemüht sie sich redlich, ihre Gefühle zu verbergen und weiterhin nicht lockerzulassen, die Zügel kurz zu halten und keine Nachsicht zu üben.

»Ich bin sehr zufrieden mit euch!«, wertet Maxi die soeben erstklassig gelungene Gesangsprobe aus. Stolz und auch ein wenig Hochmut zeichnen sich in den Gesichtern der Kühe des ehrlich gemeinten Lobes wegen ab. Das Singen macht ihnen allmählich immer mehr Spaß. Zum ersten Mal in ihrem bisherigen, eintönigen Leben haben sie ein wirkliches, lohnendes Ziel vor Augen, für dessen Erfolg sie sich einer echten, wenngleich auch schwierigen Herausforderung stellen müssen. Und so drängen sie Maxi voller Ungeduld, ohne Zeitverlust weiterzumachen.

»Ihr habt alle so gut einzeln in euren Gruppen gesungen, dass wir es nunmehr wagen können, zusammen in den großen Chor einzustimmen«, schlägt Maxi ihrem Chor vor. »Aber nur, wenn ihr wollt?!«, fügt sie noch hinzu. Und prompt erntet sie die einhellige Zustimmung, die sie erwartet hat.

Ein bejahendes Gemurmel und Getuschel entsteht. »Ja natürlich« – »Keine Frage« – »Ist doch klar« – »Fangen wir doch endlich an«, sind nur einige Satzfetzen, die Maxi wohltuend in den Ohren klingen und die sich wie Balsam auf ihre Seele legen.

»Also gut«, antwortet sie glückstrahlend. »Wie ich sehe, könnt ihr es kaum noch erwarten.« Sie räuspert sich verlegen. »Ich kann das gut verstehen. Mir geht es ja auch so.« Dann erklärt sie postwendend, wie es weitergehen soll: »Ihr habt gerade gezeigt, was ihr einzeln könnt. Und das ist schon recht beachtlich. Aber nun gilt es, die einzelnen Stimmen von euch in einer großen Einheit zusammenfließen zu lassen.« Jetzt hebt Maxi ihre Stimme, um ihr eine bedeutungsvolle Würde zu verleihen. Wagemutig ruft sie lauthals aus: »Lasst eure kraftvollen Stimmen über die grünen Wiesen und weiten Felder fegen, dass die Erde erbebt! Lasst die gewaltigen Bäume des Waldes schwanken, dass sie ihre starken Wurzeln noch tiefer in den Boden eingraben, um nicht den Halt zu verlieren! Lasst die Tiere in Wald und Feld staunend aufhorchen!«

»Jaaaaaa!«, kommt eine vielstimmige, begeisterte und einhellige Antwort.

Nun bedarf es keiner weiteren Worte mehr. Maxi hebt den Taktstock und bewegt ihn schwungvoll über den gesamten Chor hin und her. Die Kühe verstehen sofort. Gleichzeitig erheben sie ihre Stimmen zum gemeinsamen Gesang, jede einzelne Kuh, so gut sie kann. Gerda, Hanna, Maja, Berta, Emma, Conni, Susi, Fritzi - selbst Erna - und der gesamte Rest der Herde! Die Stimmen verschmelzen harmonisch miteinander zu einer großen, einzigartigen Ganzheit.

Aber nicht nur die einsame Kuhherde auf der Weide singt aus Leibeskräften. Der melodische Klang der einzelnen Kuhstimmen, die inzwischen zu einer einzigen wohlklingenden Melodie zusammenfließen, breitet sich aus wie ein feuriger Sturm. Alle Tiere weit und breit werden angesteckt von dem unvergleichlichen Rausch der wohlklingenden Töne. Und so stimmen auch sie ausnahmslos ein.

Von überallher erklingen die unterschiedlichsten Gesänge, die in ihrer Einheit und Geschlossenheit einmalig sind: Vögel zwitschern fröhlich aus der Luft, Hirsche röhren tiefdröhnend auf der nahegelegenen Waldlichtung, Wildschweine grunzen vergnügt im schlammigen Walddickicht. Selbst die kleinen Feldmäuse blinzeln, unruhig mit ihren spitzen Nasen zuckend, aus ihren Löchern und piepsen, so laut sie können. Jedes Tier, das in der Lage ist, irgendein hörbares Geräusch von sich zu geben, stimmt mit ein. Egal, ob es groß oder klein, stark oder schwach, dünn oder dick ist. So sind laute und kräftige Stimmen genauso willkommen wie leise und schwache, weil sie sich in ihrer Unterschiedlichkeit ergänzen, wenn sie zusammenfließen. Sie alle sind dem unvergleichlichen Rausch des Singens ergeben. Das stetige Plätschern des Baches gibt den Takt an und der immer wieder aufbrausende Wind gesellt sich mit seinen auf und ab schwankenden, launischen Stimmungsanwandlungen dazu...

Maxi, die junge Kuh, die das erste Mal mit ihren Artgenossinnen einen Sommer auf der Weide verbringt, hat Unglaubliches vollbracht: Sie hat die triste Langeweile des bedeutungslosen Kuhdaseins durchbrochen und allen gezeigt, was wirklich in ihnen steckt. Sie hat ihre trägen Freundinnen dazu bewegt, etwas aus eigener Kraft zu schaffen. Etwas, das sie alle mit unsagbarem Stolz erfüllt. Und sie hat schließlich mit ihrem grenzenlosen Eifer, ihrer unnachahmlichen Sturheit und ihrer hartnäckigen Beharrlichkeit alle Tiere in Nah und Fern angesteckt, in das einmalige Experiment einzustimmen.

So ist aus der einst geplanten Gesangsgemeinschaft der singenden Kühe ein berauschender, allgewaltiger Chor geworden, der alle Stimmen in sich vereint, die man finden kann, wenn man die Natur mit ihren sämtlichen, verborgenen Geheimnissen nur aufmerksam beobachtet, still in sie hineinhorcht und lernt, sie zu verstehen.

Der tapfere Igel Hilfmirdoch

In einem kleinen Tal, unweit eines spritzigen Baches, lebte vor langer Zeit ein kleiner, possierlicher Igel. Er hatte eigentlich alles, was er zum Leben brauchte: Genügend schmackhafte Nahrung, viel wärmende Sonne, gelegentlich erfrischenden Regen und eine wunderschöne Natur, die ihn umgab. Aber etwas fehlte ihm zu seinem vollendeten Glück: Richtige Freunde!

Er wurde von allen Tieren, die außer ihm im Tal lebten, konsequent gemieden. Sie machten einen großen Bogen um ihn. Wenn er irgendwo in seiner ihm eigenen drolligen Gangart freundlich auf andere Tiere zulief, um sich mit ihnen bekannt zu machen, nahmen sie jedes Mal geschwind Reißaus. Sie fürchteten sich vor ihm, weil er durch seine zahllosen spitzen Stacheln, die seinen Körper überzogen, ungeheuer bedrohlich und gefährlich wirkte. Sie hatten einfach Angst vor ihm, obgleich es überhaupt keinen Grund dafür gab. Denn der stachlige Geselle war eigentlich eine Frohnatur – munter, gut gelaunt und sanftmütig.

Der kleine Igel hatte sich indes mit seinem Schicksal längst abgefunden. Was sollte er auch anderes tun? Schließlich konnte er seine Stacheln nicht einfach abwerfen und wie die anderen Tiere mit weichem Fell oder gar mit einem bunten Federkleid durch die Welt stolzieren. Er war halt ein Igel und Igel hatten nun einmal Stacheln! Wenn das die anderen Tiere nicht verstehen wollten, dann konnte er nichts dagegen tun. Und so lebte der kleine Igel tagein und tagaus in trister Einsamkeit, aber dennoch mit sich und der Welt zufrieden.

»Hilfe! Hilfe!« Als der kleine Igel wieder einmal auf Futtersuche unterwegs war, vernahm er leise, seltsame Rufe. Undeutlich und verschwommen hallten die rätselhaften Laute durch die laue Abendluft des ausgehenden Sommertages. Der Igel blieb stehen und lauschte in die Ferne.

»Was ist denn das?«, fragte er, als ob er jemanden bei sich hatte. Es war für ihn ganz normal, mit sich selbst zu sprechen. Sonst redete ja keiner mit ihm. Wieder und wieder drang das flehende Gewinsel in seine spitz aufgestellten Ohren. Was mochte das wohl sein?

Schlagartig vergaß er seinen Hunger. Das Abendessen konnte warten. Jetzt galt es zunächst, hinter das Geheimnis des herzerweichenden Wehklagens zu kommen. Die grenzenlose Neugier auf das Ungewisse trieb ihn ohne Umschweife dorthin, wo das erbärmliche Jammern seinen Ursprung hatte. Anfänglich trippelte er noch gemächlich vor sich hin, unsicher, ob er überhaupt das Richtige tat. Aber nach und nach festigte sich in ihm der Gedanke, dass er unbedingt helfen musste, wenn jemand in Not geraten war. Je näher er sich seinem Ziel glaubte, umso schneller lief er. Sein Herz pochte vor Aufregung so laut wie ein Schmiedehammer – nur viel, viel schneller.

Dann war er endlich angekommen. Das Bild, das sich ihm bot, übertraf seine Erwartungen bei Weitem und ließ ihn zutiefst erschaudern: Hoch aufgerichtet erblickte er einige Meter entfernt einen vor freudiger Erregung sabbernden Fuchs, der sich zähnefletschend vor seinem hilflosen Opfer aufgebaut hatte. Das zarte Kaninchen, das er sich als leckere Beute ausgesucht hatte und das er in Kürze zu verspeisen beabsichtigte, zitterte wie Espenlaub. Es war mit seinen dünnen Beinchen in einem Gestrüpp aus unzähligen feinen Ästchen wie in einer Falle gefangen und somit außerstande zu fliehen. »Bitte, bitte«, flehte es um sein unschuldiges Leben. Nach Hilfe zu rufen, hatte es inzwischen längst aufgegeben. »Lass mich gehen. Ich habe dir doch nichts getan!«

»Dich gehen lassen?« fauchte der Fuchs zornig. Dabei blitzten seine totverheißenden Raubtierzähne. »Wie käme ich denn dazu?« Dann grinste er schelmisch: »Ein so reizendes Abendessen wie dich lässt man doch nicht einfach gehen.«

Der kleine Igel war zutiefst empört. Was bildete sich dieser hinterhältige Rotrock eigentlich ein? Dachte er, nur weil er stärker als das bedauernswerte Kaninchen war, hatte er das Recht für sich gepachtet, das armselige Geschöpf einfach zu fressen? Grenzenlose Wut kochte in dem kleinen Igel hoch und verdrängte die anfängliche Angst. Als stiller, ungesehener Zuschauer hatte er sich inzwischen von seinem ersten Schrecken erholen und nach und nach beruhigen können. Für ihn stand fest: Er musste dem Kaninchen helfen! Aber wie?

»Ich kann doch nicht einfach zu dem Fuchs gehen und ihn auffordern, das Kaninchen in Ruhe zu lassen?!«, murmelte der Igel ratlos. »Statt auf mich zu hören, würde mich dieses geifernde Ungetüm wahrscheinlich mit Freude als zweiten Leckerbissen auf seinem Speiseplan vorsehen. Wenn ich nur seine riesigen, scharfen Zähne sehe, wird mir ganz mulmig zumute. Mit diesen Waffen hat er eben die besseren Argumente.«

Doch da traf den kleinen Igel wie ein Blitz aus heiterem Himmel der rettende Gedanke: »Dass ich einfältiger Trottel nicht gleich darauf gekommen bin!«, schimpfte er verärgert. »Ich bin aber manchmal auch wirklich schwer von Begriff!« Dann griente er siegessicher. »Du wirst dich wundern, Gevatter Fuchs!«

Der Igel überlegte nicht lange. Er schloss die Augen, konzentrierte sich, zählte bis zehn und dann war es soweit. Fest entschlossen watschelte er geradewegs in die Höhle des Löwen. Oder besser gesagt, in die Fänge des gefräßigen Fuchses.

»Hey, lass sofort das Kaninchen frei, du nimmersattes Scheusal!«, trat der kleine Igel dem übermächtigen Fuchs entschlossen entgegen.

Das überraschte Raubtier drehte sich um. Als es sah, wer ihm drohte, begann es laut zu lachen. »Was willst du unscheinbarer Wicht denn von mir?«, fragte es belustigt.

Für den tapferen Igel gab es nun kein Zurück mehr. Er hatte sich dem mächtigen Feind heldenhaft entgegengestellt, um ihn im ungleichen Kampf herauszufordern. Nun blieb ihm nichts anderes übrig, als sein beherztes Vorhaben geradeswegs in die Tat umzusetzen, ganz egal, was kam. Dass der hochnäsige Fuchs ihn verächtlich ausgelacht hatte, machte den Igel zusätzlich sehr wütend. Es steigerte seinen Willen, diesem aufgeplusterten Zeitgenossen gehörig in die Schranken zu weisen.

»Bevor du dich an dem wehrlosen Kaninchen vergreifst, musst du erst an mir vorbei!«, erklärte der Igel seinem Widersacher und stellte sich genau vor das zu schützende Opfer. Das Kaninchen bibberte und wimmerte in Todesangst immer wieder leise vor sich hin: »Hilf mir doch ... Hilf mir doch!«

Dem Fuchs wurde es langsam zu bunt. »Wenn du nicht gleich verschwindest, wirst du der Erste sein, den ich fressen werde!«, brüllte er wutentbrannt.

»Dann versuch es doch!«, antwortete der Igel seelenruhig.

Die Ruhe und Gelassenheit des Igels, der überhaupt keine Angst vor ihm zu haben schien, trieb den aufbrausenden Fuchs zur Weißglut. Schäumend vor Raserei stürzte er sich rachsüchtig mit seinem ganzen Körpergewicht auf den Igel, der sich inzwischen vorsorglich zu einer Kugel zusammengerollt hatte. Die feinen, nadelspitzen Stacheln aufgerichtet, wartete er geduldig auf den Moment, in dem der blutrünstige Räuber versuchte, herzhaft zuzubeißen.

»Uuuuuuhuuuhuuuu!«, jaulte der überrumpelte Fuchs plötzlich lautstark auf, dass es nur so schallte. Damit hatte der verwegene Räuber ganz und gar nicht gerechnet. Er war gerade dabei, seine messerscharfen Zähne in das weiche Fleisch des Igels zu hauen, als ihn ein mörderischer Schmerz heimsuchte. Noch nie zuvor in seinem Leben hatte er eine solch heftige Qual empfunden. Zumal es in der Vergangenheit immer er war, der anderen mit Vergnügen Leid zufügte und seine Freude daran hatte, wenn die drangsalierten Opfer Höllenqualen ertragen mussten. Nun war er zum ersten Mal selbst zum Opfer geworden. Und noch dazu mit einer durchtriebenen List, die ihresgleichen suchte.

Laut heulend suchte der besiegte Fuchs das Weite. Kampfunfähig musste er sich wohl oder übel geschlagen geben. Er rannte, so schnell er konnte, davon und verschwand auf Nimmerwiedersehen.

Als der kleine Igel bemerkt hatte, dass sein Plan gelungen und der verhasste Fuchs vertrieben war, legte er seine ausgefahrenen Stacheln eng an, rollte sich auf und streckte seinen Körper. Das verängstigte Kaninchen, das bis eben noch dem Tode geweiht war, hatte immer noch nicht begriffen, was passiert war. »Hilf mir doch ... Hilf mir doch ...!«, stammelte es unaufhörlich, kaum hörbar mit dünner Piepstimme.

»Du brauchst keine Angst mehr zu haben«, versuchte der heldenhafte Retter seinem Schützling zu erklären. »Der Fuchs ist weg. Er wird dir nichts Böses antun.« Das Kaninchen schaute den Igel mit großen Augen an. Angst und Abneigung spiegelten sich in ihnen wider. Da wurde dem Igel bewusst, dass er nach wie vor ein Fremder war. Die anderen Tiere mochten ihn nicht. Warum sollte sich daran etwas geändert haben.

Traurig drehte sich der enttäuschte Igel um und schickte sich an, mutterseelenallein nach Hause zu trotten. Nach einigen Schritten schaute er zerstreut auf. Plötzlich stand er vor einer bunt zusammengewürfelten Gruppe aus den verschiedensten Tieren, die ihm den Weg versperrten. Woher sie plötzlich alle kamen, war ihm ein Rätsel. Er erblickte kuschlige Kaninchen, langbeinige

Feldhasen, putzige Eichhörnchen, niedliche Mäuse, bunt gefiederte Vögel und noch viele andere Tiere. Sie alle schauten ihn freundlich an.

»Wir sind dir sehr dankbar dafür, dass du das hilflose Kaninchen davor gerettet hast, im fressgierigen Schlund des abscheulichen Fuchses zu enden«, sprach ein besonnener Feldhase, dessen Fell seines betagten Alters wegen bereits einen weißlich-grauen Anflug hatte. »Wir haben alles beobachtet«, erklärte er weiter. »Und wir sind sehr beeindruckt von dem Mut, den du in deinem selbstlosen Einsatz bewiesen hast. Nie werden wir deine Heldentat vergessen! «

Der Igel war fassungslos. In seiner Verlegenheit wusste er nicht, was er sagen sollte. Noch nie zuvor haben die anderen Talbewohner jemals mit ihm gesprochen. Und nun dankten sie ihm sogar! Beschämt wollte er etwas Freundliches entgegnen, aber die Stimme versagte ihm gänzlich den Dienst. So schluckte er die unausgesprochenen Worte einfach hinunter.

»Wir würden uns sehr freuen, wenn du vom heutigen Tage an unser Freund sein willst«, erklärte der alte Feldhase.

Der Igel spürte eine äußerst angenehme herzliche Wärme, die ihm, einer berauschenden Wolke gleich, entgegenströmte und bis in die Tiefe seiner Seele eindrang. Er strahlte vor Glückseligkeit. Nichts hatte er sich in der Vergangenheit mehr gewünscht, als richtige Freunde zu finden.

Die Tiere in dem kleinen Tal unweit des spritzigen Baches lebten fortan in trauter Gemeinsamkeit mit ihrem neugewonnenen Freund, dem kleinen Igel. Und sie fühlten sich zudem allesamt so sicher wie nie zuvor, denn sie hatten ihren zuverlässigen Beschützer ständig in ihrer Nähe. Sie gaben ihm den Namen »Hilf-

mirdoch«, in Erinnerung an die kläglichen Worte des hilflos ge-
fangenen Kaninchens, das in seiner Todesangst immer wieder
den Satz »Hilf mir doch!« gewimmert hatte.

Der hinterhältige Fuchs hatte sich seit der für ihn äußerst unan-
genehmen Begebenheit nie wieder im Tal blicken lassen. Und
auch andere Raubtiere mieden diesen für sie unheimlichen Ort,
seit sie wussten, dass der kleine Igel Hilfmirdoch seine Freunde
Tag und Nacht zuverlässig beschützte.

Der kleine Elch und sein noch kleinerer Freund

Der kleine Elchjunge Sven ist sehr traurig, denn er hat seine Mutter verloren. Er kann sie trotz aller Bemühungen einfach nicht finden. Wo mag sie nur abgeblieben sein? »Mama! Mama!«, ruft er verzweifelt mit seiner schwachen, jammervollen Stimme, die sich wie ein zarter Atemhauch in der unendlichen Weite verliert.

Sven fühlt sich einsam und er fürchtet sich wie nie zuvor. Schließlich war er noch nie in seinem kurzen Leben auf sich gestellt. Allerdings trägt er auch selbst die alleinige Schuld an der verzweifelten Lage, in der er sich befindet. Hätte er doch nur auf seine kluge Mutter gehört und wäre nicht einfach wie ein unartiges Kind davongelaufen, dann wäre das alles nicht passiert! Wie oft schon, hat die Mutter den uneinsichtigen Sohn in der jüngsten Vergangenheit mit aller Schärfe zurechtgewiesen, wenn er wieder einmal in seinem kindlichen Übermut über die Stränge schlagen wollte und ihm unmissverständlich erklärt, dass sich Ungehorsam und Eigensinn im Leben niemals auszahlen.

Aber dieses Mal hat Sven es eindeutig übertrieben. Er ist einfach ungeachtet aller gut gemeinten Warnungen durchgebrannt, als seine Mutter mit wichtigen Dingen beschäftigt und abgelenkt war, und hat sich von den geheimnisvollen Verlockungen der aufregenden Welt außerhalb seines sicheren Lebens in die Irre führen lassen. Nun stakst der Unbelehrbare tapsig auf seinen langen, dünnen Beinchen tollpatschig durch das hochgewachsene, dichte Gras. Andauernd bleibt er an den langen Halmen hängen, die sich wie gierige Fesseln lästig um seine knochigen

Beine schlingen und ihn am ungehemmten Weitergehen hindern. Dennoch gelingt es ihm immer wieder, sich zu befreien und weiterzulaufen, bis ihn nach kurzer Zeit das nächste beschwerliche Hindernis aufhält. Zittrig und nahezu mutlos begibt sich das eingeschüchterte Elchkind suchend in die unheilvolle Fremde, um die vertraute mütterliche Obhut wiederzufinden, die ihm in der Vergangenheit Wärme, Schutz und Geborgenheit gegeben hat.

Als Sven nach einiger, seinem eigenen Empfinden nach sehr langen und mühsamen Zeit des unerträglichen Leids völlig erschöpft beinahe zu Boden sinkt, ist er der Verzweiflung nah. Seelenvolles Selbstmitleid plagt ihn. Was soll er nur tun? Was vermag er überhaupt zu tun? Wie kann er seine geliebte Mutter je wiederfinden? Todmüde schwankend sackt er schließlich in seinem schmerzlichen Kummer wie ein bedauernswertes Häufchen Elend zusammen und sogleich taucht er ab in einen tiefen, traumlosen Schlaf.

»Heda! Aufgewacht!«

Mit einem Satz ist Sven wieder auf den Beinen. Er hat einen derartigen Schreck bekommen, dass er erst gar nicht weiß, was los ist. Verstört blickt er sich nach allen Seiten um. »Mama?«, wirft er zögerlich fragend in den Raum, im guten Glauben daran, dass alles wieder so ist, wie es einst gewesen war. Aber so sehr er sich auch mit unruhig umherschweifenden Augen anstrengt, die von ganzem Herzen ersehnte Gestalt seiner vertrauten Mutter einzufangen, sie festzuhalten und nie mehr loszulassen – es gelingt ihm nicht. Die stattliche Elchdame bleibt verschollen.

»Wer bist du denn? Was tust du hier?« Als Sven merkt, dass er nicht allein ist, versucht er, die sehnsüchtigen Gedanken an seine vermisste Mutter beiseitezuschieben. Neugierig, wer sich hinter der unbekannten Stimme verbirgt, die ihn eben angesprochen hat, schaut er sich um.

»Hallo! Hier unten bin ich!«, ruft die fremde Stimme.

»Wo?«, fragt Sven ratlos.

»Na hier unten. Genau vor dir. Du musst nur den Blick senken, dann kannst du mich sehen!«

Sven tut, was ihm aufgetragen wird. Sich mit breit gespreizten Vorderbeinen abstützend, damit er nicht kopfüber nach vorn fällt, schaut er unsicher nach unten auf den Boden. Erstaunt blickt er auf ein winziges, graues Etwas, das unruhig wie ein aufgeschreckter Floh vor ihm herumwuselt. Da der kleine Elch noch sehr jung und unerfahren ist, kennt er noch nicht allzu viele Tiere, die so wie er in Wald und Feld zuhause sind. Deshalb fragt er neugierig: »Wer bist du?«

»Ich bin Oskar, die Maus«, kommt es wie aus der Pistole geschossen. Sven überlegt. Er ist sichtlich überfordert mit der ungewöhnlichen Situation und weiß nicht, was er tun soll. Aber viel Zeit zum Überlegen bleibt ihm ohnehin nicht. Die geschwätzige Maus Oskar redet ohne Luft zu holen weiter auf seine neue Bekanntschaft ein. »Nun glotz nicht so blöd aus der Wäsche!«, fordert Oskar Sven frech auf. »Hast du noch nie eine Maus gesehen?«

»Nei - nein...!«, stammelt Sven verlegen. »Eine Maus?«, fragt er noch einmal kleinlaut nach, um sicher zu gehen, dass er das soeben Gehörte auch richtig verstanden hat.

»Ja! Ich bin eine Maus.«

Sven staunt: »Du bist aber klein.«

»Klein, klein...«, brummelt Oskar gekränkt. »Mäuse sind nun mal nicht größer! Hast du ein Problem damit?«

Sven erkennt einen Anflug von Zorn in Oskars piepsiger Mäusestimme. »Nein! Natürlich nicht!«, versucht er demütig, seinen beleidigten Gesprächspartner zu beschwichtigen. Er will den winzigen Burschen unter keinen Umständen verstimmen. Schließlich ist Oskar das einzige lebendige Wesen weit und breit, mit dem er reden kann. Und darüber ist der ansonsten Einsame sehr froh.

»Entschuldige«, bittet Sven aufrichtig. »Ich wollte dich auf keinen Fall verärgern oder gar beleidigen.«

Oskar blickt nachdenklich nach oben zu Sven. Nach einigem Zögern antwortet er hochnäsig: »Das ist dir auch nicht gelungen. Schließlich kann nicht jeder auf so langen, dünnen Stelzen herumstolzieren wie ihr selbstgefälligen, riesigen Elche.«

»Selbstgefällig? Wie meinst du das?« Sven versteht nicht, was Oskar ihm sagen will.

»Na«, antwortet Oskar schimpfend, »ihr schreitet hoch erhobenen Hauptes durch die Gegend, seht dabei nicht nach links und rechts, und schon gar nicht lasst ihr euch dazu herab, einmal nach unten zu schauen. Ihr seid einfach rücksichtslos und anmaßend.«

Sven fährt erschrocken zusammen. Was will Oskar von ihm? Weshalb ist er plötzlich so kratzbürstig? Er hat ihm doch gar nichts getan. Warum tritt ihm dieser Mäuserich nur so feindselig entgegen?

Sven bleibt nicht viel Zeit zum Nachdenken, denn Oskars Aufklärung folgt auf dem Fuße: »Siehst du«, erklärt die aufgebrachte Maus rechthaberisch, »du hast keine Ahnung, wovon ich rede? Oder?« Oskar hat vollkommen recht.

»Ja... Nein... Warum...«, stammelt Sven verlegen. Mehr zu sagen, ist er nicht in der Lage. Er weiß überhaupt nicht mehr, was Sache ist. Hilflos spürt er, wie ihm bittere Tränen der Verzweiflung in die Augen steigen. So sehr er sich auch dagegen wehrt, er kann nichts dagegen tun.

Als Oskar sieht, in welch trostlose Lage er den unschuldigen Elchjungen durch sein erhitztes Gerede gebracht hat, bemüht er sich zur Mäßigung. Sein Ton wird versöhnlicher. »Schon gut«, versucht er, Sven mit gedämpfter, weicher Stimme zu beruhigen. »Wie heißt du eigentlich?«

»Sven«, antwortet Sven mit brüchiger Stimme.

»Nimm dir das nicht so zu Herzen, Sven. So ist es nun mal. Deine Welt ist da oben und meine hier unten«, seufzt Oskar altklug. Dabei hebt und senkt er zur Bestätigung seiner Aussage bei den Wörtern ‚oben' und ‚unten' den Kopf. »Du kannst ja nichts dafür. Schließlich bist du noch ein unwissendes Kind.«

Dann schwenkt er mit spürbar schärferem Ton ein: »Aber trotzdem stimmt es, was ich eben gesagt habe! Oder hast du in deiner Rücksichtslosigkeit etwa bemerkt, dass du mit deinem Fuß in diesem Augenblick genau auf meinem Mauseloch stehst und damit den Zugang zu meinem trauten Heim versperrst?«

Sven erschrickt. Bestürzt schaut er nach unten, hebt sein Bein hoch und stellt überrascht fest, dass er tatsächlich bis eben auf einem unscheinbaren, weichen Fleckchen Erde gestanden hat, auf dem seit langer Zeit kein einziger Grashalm gewachsen ist. Von einem Loch ist allerdings nichts mehr zu sehen, weil er die Erde unter sich breitgetreten und den einst vorhandenen Durchschlupf somit verschlossen hat.

»Oh, das tut mir sehr leid. Ich … ich …«, stammelt er kleinlaut. Am liebsten möchte er in diesem Augenblick im Erdboden versinken, so peinlich ist ihm sein ungewolltes Fehlverhalten. »Wie kann ich dieses Missgeschick nur wieder gutmachen? Soll ich ein neues Loch graben?« Und ohne eine Antwort abzuwarten, schickt sich der reumütige Elchjunge Sven sogleich an, mit seinem langen, dünnen Vorderbein ein neues Loch zu graben, indem er seinen Fuß in die weiche, lehmige Erde bohrt.

»Halt!«, schreit der winzig kleine Oskar aus voller Kehle, wobei sich das für einen Elch, auch wenn er ebenfalls noch sehr klein ist, nicht besonders laut anhört. Aber dennoch erstarrt Sven vor Schreck zu einem steifen Eisblock. Regungslos steht er da und weiß nicht, was er tun soll. Was hat er denn nun schon wieder falsch gemacht? Er will doch nur helfen und seinen Fehler wieder ausbügeln, damit Oskar nicht mehr böse auf ihn ist.

»Was soll denn das nun schon wieder werden?«, meckert Oskar aufgebracht. »Willst du dir ein Riesenmauseloch für Elche graben?«

»Nein«, entgegnet Sven verlegen.

Mehr zu seiner Rechtfertigung zu sagen, gelingt ihm nicht, denn Oskars Standpauke folgt auf dem Fuße: »Misch dich gefälligst nicht in Dinge ein, von denen du nichts verstehst!«, weist Oskar Sven zurecht. »Es nützt mir überhaupt nichts, wenn du versuchst, ein neues Mauseloch zu graben. Du hast doch gar keine Ahnung, wie man so etwas macht!«

Sven muss zugeben, dass der Mäuserich Oskar recht hat. Natürlich weiß er als Elch nicht, wie man ein Mauseloch gräbt. Schließlich ist er keine Maus. Aber versuchen wollte er es doch wenigstens.

Wie ein begossener Pudel steht Sven da, den Kopf gesenkt und hilflos schluchzend. Er fühlt eine tiefe Trauer in seinem Herzen, die seine zarte Seele fast zerbricht. Nicht genug, dass er als kleines, unbehütetes Tierkind seine geliebte Mutter verloren hat. Nun setzt ihm dieser Winzling namens Oskar auch noch dermaßen zu, dass er ganz und gar die Fassung zu verlieren droht.

Oskar scheint nachzudenken. »Warum bist du eigentlich allein?«, fragt er neugierig.

»Weil ich meine Mutter nicht mehr finden kann. Sie ist verschwunden. Ich habe keine Ahnung, wo ich sie noch suchen soll«, antwortet Sven wahrheitsgemäß.

»Pass auf!«, lenkt Oskar ein, der sofort merkt, dass er etwas tun muss, um die betrübte Stimmung wieder anzuheben. »Das ist alles gar nicht so schlimm. Mach dir keine Sorgen. Die Sache mit meinem Mauseloch hat noch Zeit. Ich werde die Stelle, an der das Loch gewesen ist, ohne Probleme schnell wiederfinden und meine Behausung in die alte Form bringen. Das ist überhaupt kein Problem für mich, glaube mir. Ich bin nämlich ein wahrer Baumeister. Die Gänge unter der Erde, in denen ich lebe, sind ja ohnehin unbeschädigt und somit weiterhin bewohnbar.« Oskar schaut Sven aufmunternd an. »Jetzt ist es erst einmal an der Zeit, dir zu helfen.«

Svens tränenreiche Augen beginnen schlagartig funkelnd aufzublitzen, als er Oskars ermunternde Worte vernimmt. »Was meinst du damit?«, fragt er schniefend, aber dennoch mit einer geballten Ladung aufkeimender Hoffnung in der brüchigen Stimme. »Du willst mir wirklich helfen?«

»Natürlich!«, platzt es aus Oskar heraus. »Ich kann doch so ein bemitleidenswertes Häufchen Elend nicht sich selbst überlassen!« Mit einem leichten, schelmischen Zwinkern fügt er noch scherzhaft hinzu: »Wer weiß, was du sonst noch für Unheil anrichtest!«

Der etwas vorlaute, aber dennoch in seinem tiefsten Herzen gütige Mäuserich Oskar hält wie versprochen Wort. Er hat sogar schon einen Plan parat, wie er Sven wieder mit seiner Mutter vereinen kann. »Hör genau zu!«, fordert er das ahnungslose Elchkind auf. »Du wartest hier. Ich werde mich auf den Weg machen und nach deiner Mutter suchen.«

»Aber wie willst du das anstellen?« Sven ist ratlos. »Du hast doch gar keine Ahnung, wo du suchen sollst.«

»Aber ich habe viele gute Freunde, die mir helfen werden«, entgegnet Oskar überzeugt.

»Freunde?«, fragt Sven erstaunt.

»Ja, Freunde!«

Sven tut, was ihm von Oskar aufgetragen wird. Er bleibt an Ort und Stelle, damit er nicht noch einmal verloren geht. Er hat aus dem, was ihm jüngst widerfahren ist, gelernt: Aufmüpfiger Ungehorsam und gedankenloser Eigensinn zahlen sich nicht aus. Schließlich ist er heilfroh, in seiner Einsamkeit wenigstens Oskar gefunden zu haben, der zudem noch bereit ist, ihm großzügig zu helfen.

Während der kleine Elch im guten Glauben daran, dass sich die Dinge für ihn zum Guten wenden, geduldig wartet, macht sich Oskar geschwind auf den Weg, um herauszufinden, wo Svens Mutter abgeblieben sein könnte. Der Mäuserich ist aufgrund seiner aufgeschlossenen Art, mit der er stets offenherzig auf andere zuzugehen pflegt, in der glücklichen Lage, sehr viele Freunde und Bekannte unter den Tieren zu haben, die rings um ihn herum leben. Zielgerichtet durchstreift er den baumreichen Wald, in dem auch er selbst zuhause ist, überquert eine sattgrüne, mit reichlich bunten Blumen bewachsene Wiese, kommt an einem lebendig sprudelnden Bach vorbei und scheut sich auch nicht davor, ein mit reifen Ähren bedecktes Getreidefeld zu durchforsten. Überall dort, wo sich ihm auf seiner kurzweiligen Strecke die Möglichkeit bietet, sucht er das nutzbringende Gespräch mit den verschiedensten Tieren, denen er begegnet.

Ob das scheue Reh auf der versteckten Waldlichtung, das ängstliche Wildkaninchen im dichten Gestrüpp, das flinke Eichhörnchen auf dem meterhohen Baum, der emsig flatternde Schmetterling zwischen den bunten Wiesenblumen, der munter zwitschernde Vogel in den luftigen Höhen, der müßige Maulwurf auf seinem frisch gegrabenen Erdhügel, der dicke Hamster im goldleuchtenden Getreidefeld oder der lebhaft umherschwimmende Fisch im klaren, sprudelnden Wasser – sie alle versuchen zu helfen, soweit es ihnen möglich ist und in ihrer

Macht steht. Da der Mäuserich Oskar recht klein und sehr wendig ist, fällt es ihm nicht schwer, selbst das unwegsamste Gelände eisern zu durchkämmen.

Als die glutrote Abendsonne allmählich hinter dem weiten Horizont abtaucht und der lange, anstrengende Tag sich dem verdienten Ende zuneigt, kehrt Oskar zufrieden zurück zu Sven, der bereits ungeduldig auf ihn wartet. Aber Oskar ist nicht allein.

»Und? Was ist?« Sven schießt sofort aus seiner im dösenden Halbschlaf zusammengekauerten Haltung hoch, als er merkt, dass Oskar anrückt. Beinahe wäre er eingeschlafen. Aber die Hoffnung auf ein baldiges Wiedersehen mit seiner Mutter hat ihn immer wieder aufgerüttelt.

Der schelmische Mäuserich schaut Sven ausdruckslos an. »Was soll schon sein?«, fragt er mit gespielter Gleichgültigkeit. »Ich bin wieder zurück.«

»Das sehe ich«, reagiert Sven genervt. Er zittert am ganzen Leib vor Aufregung. Die kaum zu ertragende Spannung droht ihn zu zerreißen. »Hast du sie gefunden?«, fragt er mit zittriger Stimme.

»Wen?«, kommt die prompte Antwort, die in den Ohren von Sven etwas dümmlich klingt.

Was soll das, denkt Sven. Will Oskar ihn auf den Arm nehmen?

Als Oskar merkt, dass der verzweifelte Elchjunge Sven kurz davor steht, endgültig außer Rand und Band zu geraten, fragt er beiläufig: »Meinst du vielleicht sie?« Er dreht sich langsam um, wendet seinen Blick in die Richtung eines uralten Baumes, der wenige Meter entfernt von den beiden steht und der von einem mächtigen, dicken Baumstamm getragen wird, und verharrt regungslos.

Plötzlich herrscht eine spannungsgeladene Stille. Sven stiert wie gebannt auf den ansehnlichen Baum, der wie ein unbeugsamer Fels in der Brandung auf ihn wirkt und der ihm auf unerklärliche Weise Respekt einflößt. Er ist dermaßen verwirrt, dass er kaum einen klaren Gedanken fassen kann. Er ahnt, dass etwas Außergewöhnliches passieren wird, kann sich aber beim besten Willen nicht erklären, was. Aber er muss auch gar nicht lange warten, bis das rätselhafte Geheimnis gelüftet wird.

»Sven?« Die samtweiche, gütige Stimme wirkt wie Balsam auf Svens zarte Seele. Ein warmer, wohliger Schauer schwebt einer federnden Wolke gleich auf seinen zerbrechlichen Körper herab und umhüllt ihn wie eine zweite schützende Haut, als ein vertrauter Schatten aus dem schleierhaften Dunkel hervortritt. »Sven, mein Kind. Endlich habe ich dich wieder!«

»Mama? Mama!« Sven kann es nicht fassen.

Die ganze Welt um sich herum vergessend, eilt Sven hastig mit großen Schritten geradewegs auf seine vermisste Mutter zu und schmiegt sich liebevoll an ihren warmen, vertraut riechenden Körper. Er drückt den kleinen Kopf zärtlich an ihre sehnigen Beine und reibt ihn genüsslich so lange, bis sein vor Glückseligkeit zitternder Körper vor Wonne bebt. Tränen der grenzenlosen Freude und des unbeschreiblichen Glücks laufen als dünne Rinnsale über sein Gesicht. Aber er schämt sich keineswegs für die befreienden Gefühlsausbrüche, die ihn beherrschen, sondern lässt der Natur freien Lauf.

Die alte Elchkuh nimmt die liebende Geste ihres kleinen, endlich wiedergefundenen Sohnes verlangend in sich auf. Gleichzeitig sendet auch sie eine unsagbar tiefe Zuneigung aus, die ihre und Svens verwandte Seelen zu einer untrennbaren Ganzheit verschmelzen lassen. Mutter und Sohn sind wieder vereint.

»Na, da bin ich ja wohl überflüssig«, meckert der Mäuserich Oskar im Hintergrund.

Die beiden Elche blicken sich erschrocken um. Sie haben doch in dem unendlichen Gefühlsdusel tatsächlich vergessen, dass sie nicht allein sind.

Svens Mutter tritt verlegen an Oskar heran. »Entschuldige bitte, dass wir dich hier so einfach stehen gelassen haben. Aber die Freude auf unser Wiedersehen hat uns einfach übermannt.«

»Schon gut«, stammelt Oskar betreten. Auch er ist von den Geschehnissen der letzten Minuten zutiefst ergriffen, was er jedoch vor anderen niemals zugeben würde.

»Nein, es ist nicht gut«, antwortet die Elchmutter bestimmt. »Du hast mit deiner selbstlosen Tat eine große Leistung vollbracht und uns beiden zudem einen unschätzbaren Dienst erwiesen.« Liebevoll schaut sie ihren strahlenden Sohn an. Dann wendet sie sich wieder Oskar zu: »Nichts ist für eine liebende Mutter schmerzlicher als die Trennung von ihrem unbehüteten Kind. Und nichts ist für ein unschuldiges Kind qualvoller, als wenn es ohne innige Liebe und herzliche Zuneigung alleingelassen wird und sich schutzlos den unbekannten Gefahren des Lebens aussetzen muss.«

»Na ja«, spricht Oskar beschämt. Der kesse Mäuserich ist dermaßen viel Lobpreisung, wie sie gerade einem heftigen Platzregen gleich auf ihn herniederprasselt, keineswegs gewöhnt. Er fühlt sich unbehaglich und fürchtet, aufgrund der ungewohnten Situation, die ihn sichtlich überfordert, die Kontrolle über seine Gefühle zu verlieren. Also begibt er sich gezwungenermaßen in Verteidigungsposition. Und wie es nun einmal seine unverfälschte Art ist, gibt er mit vorgetäuschter Gleichgültigkeit zum Besten: »Eigentlich wollte ich ja nur, dass Sven wieder dahin kommt, wo er hingehört. Damit er nicht sinnlos überall herumtrampelt und Werte zerstört, die andere in mühsamer Arbeit geschaffen haben.«

Sven erkennt sofort, worauf Oskar hinaus will. »Aber ich habe doch nicht gewusst, dass du genau dort wohnst, wo ich gestanden habe«, verteidigt er sich aufgebracht. »Deshalb sollte man auch immer aufmerksam und mit offenen Augen durch die Welt gehen«, belehrt der Mäuserich Oskar den unwissenden Elchjungen wichtigtuerisch und beschließt, es dabei mit weiteren Belehrungen zu belassen.

»Mach dir nichts draus«, spricht er alsdann versöhnlich. »Du bist noch ein Kind. Und Kinder haben das Recht, Fehler zu machen. Hauptsache ist, dass man aus seinen Fehlern etwas lernt.«

»Das habe ich«, sprudelt es aus Sven heraus.

Oskar und Svens Mutter blicken Sven mit großen Augen überrascht an. Stolz verkündet der: »Ich habe gelernt, dass sich Ungehorsam nicht auszahlt und dass schreckliche Dinge passieren können, wenn man nicht das tut, was einem aufgetragen wird.« Schuldbewusst sieht Sven nach oben zu seiner Mutter. Die nickt dem Sohn mit freundlicher Miene anerkennend zu. »Und ich habe gelernt, dass Rücksichtnahme gegenüber anderen sehr wichtig ist – ganz egal, um wen es sich dabei handelt. Schließlich ist man ja gottseidank nicht allein auf der Welt.« Verschämt an Oskar gewandt, nuschelt Sven leise, aber dennoch hörbar: »Die Sache mit deinem Mauseloch tut mir sehr leid.«

Nachdem Sven zum großen Erstaunen seiner beiden Zuhörer erklärt hat, welche wertvollen Erkenntnisse er aus den Ereignissen der jüngsten Vergangenheit gezogen hat, herrscht für eine kurze Zeitdauer betretenes Schweigen.

»Übrigens...«, wirft Sven noch beiläufig ein, »Gehorsam und Rücksichtnahme – das ist alles schön und gut und richtig. Aber etwas ganz, ganz Wichtiges habe ich noch vergessen: Ich habe nämlich auch gelernt und selbst am eigenen Leib zu spüren bekommen, wie schön es ist, einen echten, verlässlichen Freund zu haben.«

Auch wenn Oskar als Betroffener in diesem Augenblick vor Scham am liebsten im Erdboden versinken möchte, ist er dennoch sehr stolz auf seinen neugewonnenen Freund und die Anerkennung, die er ihm zuteilwerden lässt.

Die außergewöhnliche Freundschaft zwischen dem Elchjungen Sven und dem Mäuserich Oskar hält noch eine ganze Weile an. Die zwei besuchen sich hin und wieder gegenseitig, plaudern über dieses und jenes, scherzen und lachen in ungezwungener Manier. Aber irgendwann verlieren sich die beiden doch aus den Augen. Sie sind einfach zu verschieden, um gemeinsam durchs Leben zu gehen. Während der eine erhabenen Hauptes stolz durch Wald und Flur schreitet, fühlt sich der andere in einem Wirrwarr aus selbstgegrabenen Gängen im Erdboden am wohlsten.

Sven lernt in der Folgezeit noch sehr viele Tiere kennen, mit denen er ehrliche und innige Freundschaften pflegt. Denn wie wichtig richtige Freunde im Leben sind, hat er ja als kleines Elchkind bereits erfahren dürfen. Und diese Erfahrung trägt er sein ganzes Leben mit sich.

Ein geschickter Handel

»Kaum zu glauben«, sprach der alte Wolf verärgert, als der flinke Hase im dichten Gestrüpp verschwunden war. »Schon wieder ist mir eine fette Beute durch die Lappen gegangen«, jammerte er. Sein Magen knurrte besorgniserregend. Dem greisen Graupelz mit dem verfilzten, zottligen Fell fiel es in der letzten Zeit immer schwerer, erfolgreich zu jagen. Zwar fehlte es ihm keineswegs an Erfahrung, aber die vielen Lebensjahre, die er inzwischen auf dem Buckel hatte, schwächten ihn zusehends. Er verfügte durchaus über die erforderliche körperliche Kraft für eine erfolgreiche Jagd. Jedoch wurde er mit zunehmendem Alter immer langsamer und träger, um ein flinkes Beutetier mit Erfolg zu erlegen. Er spürte, wie der Zahn der Zeit unaufhaltsam an ihm nagte und wie er von Tag zu Tag gebrechlicher wurde. Vor Anstrengung hechelnd, legte er sich erschöpft nieder, rollte sich zusammen und versuchte, die Qualen des Hungers zu vergessen.

»Was soll nur aus mir werden?«, seufzte er in endlosem Selbstmitleid badend. »Ich bin ja nicht mal mehr in der Lage, einen einfachen Hasen zu fangen.« Dann stand er träge auf, streckte den Kopf in die Höhe und begann, wie es die unverkennbare Art der Wölfe war, sein Leid schallend in die weite Welt hinaus zu posaunen.

Sein Klageruf fegte, vom Winde getragen, hinaus über Wiesen und Felder, pfiff durch die Felsspalten der Berge, ließ sich vom strömenden Wasser des Flusses mitreißen und verlor sich irgendwo in der Unendlichkeit der Natur.

Der aufgeweckte Fuchs spitzte neugierig die Ohren. Auch er war gerade dabei, sich um sein Abendessen zu kümmern. Allerdings war er im Vergleich zum Wolf noch sehr jung und verstand es mit Bravour, schnell und wendig umherzuschweifen. Seine Beutezüge waren immer von Erfolg gekrönt. Als jedoch das qualvolle Heulen des Wolfes in seine Ohren drang, verharrte er augenblicklich in dem Begehren, etwas Fressbares zu erwischen, um es anschließend gierig zu verschlingen. Stattdessen machte er sich ernsthaft Sorgen. »Was ist denn bloß mit dem grantigen Wolf los?«, fragte er sich. »Das hört sich ja fast so an, als wollte der alte Gauner sterben.«

Der Fuchs mochte den Wolf nicht besonders, weil der schaurige Geselle größer und stärker war als er und weil er ihn in der Vergangenheit aus den besten Jagdrevieren des Waldes vertrieben hatte, in dem die fettesten Beutetiere lebten und nur darauf zu warten schienen, von ihm gefressen zu werden. Es war nichts Ungewöhnliches, dass der Fuchs mit dem Wolf nicht zurechtkam. Denn schließlich stromerte der Wolf als furchtloser Einzelgänger durch die Wälder und wurde aufgrund seiner unersättlichen Fressgier von allen Tieren gemieden. Wem sein Leben etwas wert war, der ging dem stärksten Raubtier in Nah und Fern klugerweise aus dem Weg. So blieb auch dem Fuchs als Unterlegenem einst nichts anderes übrig, als sich stillschweigend zurückzuziehen und mit dem zufriedenzugeben, was der Wolf achtlos verschmähte. Das war nun einmal sein Schicksal und deshalb hatte er sich längst mit seinem Los abgefunden.

Schon oft hatte der Fuchs das Heulen des Wolfes aus der Ferne vernommen. Meist achtlos und gleichgültig, wenn er wusste, dass der gefährliche Feind weit genug entfernt war, um eine Gefahr darzustellen. Manchmal aber auch in aufmerksamer Pose, wenn der Wolf in greifbarer Nähe zu sein schien. Längst hatte er sich daran gewöhnt. Aber diesmal klang es irgendwie anders. Es fehlte das Bedrohliche, das Angsteinflößende. Irgendetwas stimmte nicht.

Der Fuchs war ein recht neugieriger, umtriebiger Geselle. Wenn etwas anders war als sonst, dann musste er der Sache unbedingt nachgehen – koste es, was es wolle! Selbst wenn er sich dabei in ungeahnte Gefahren begeben musste. Und so beschloss er kurzerhand, sich auf den Weg zu machen, um zu sehen, was es mit dem ungewöhnlichen Verhalten des Wolfs auf sich hatte.

Dem Fuchs fiel es nicht schwer, den Klagerufen des Wolfs zu folgen. Er hatte ein ausgezeichnetes Gehör, war wieselflink und kannte sich zudem sehr gut in der Umgebung aus. Als er in unmittelbarer Nähe des Ortes angekommen war, an dem der Wolf sich aufhielt, blieb er abrupt stehen. Er hob den Kopf in die Höhe und nahm mit seiner feinen Nase Witterung auf. Ein leises, tiefes Grollen entwich seiner Kehle, als er den übel riechenden Geruch des Feindes in sich aufnahm. Sein Körper spannte sich zu einem einzigen, eisenharten Klumpen. Er zuckte und zitterte vor Erregung. Ein tief sitzender Hass nahm von ihm Besitz, der von einer angeborenen Todesangst begleitet wurde.

Nachdem er eine Weile in Habachtstellung wie versteinert dagestanden hatte, löste sich seine verkrampfte Körperspannung allmählich wieder. Langsam schlich er sich an. Wie auf Samtpfoten bewegte er sich vorwärts, stets darauf bedacht, bei drohender Gefahr den schnellen Rückzug anzutreten und das eigene Leben zu retten. Je näher er seinem ungleichen Rivalen kam, desto vorsichtiger wurde er.

»Was willst du hier?«

Erschrocken blieb der Fuchs stehen. Wie ein scharfer Blitz traf ihn die Frage und ließ seinen Körper bis in die kleinste Faser erschaudern. Aber nicht die Frage war es, die ihn erstarren ließ. Das Schlimmste, was er sich vorstellen konnte, war eingetreten: Der Wolf hatte ihn entdeckt!

»Ich ... ich ...«, stammelte der Fuchs verlegen. In seiner angstgelähmten Panik war er nicht in der Lage, weiterzureden. Was mochte der verwegene Räuber wohl jetzt mit ihm anstellen?

Aber noch bevor der Fuchs seine bangen Gedanken darüber, was ihm der Wolf gleich anzutun gedachte, zu Ende denken konnte, sprach ihn der Wolf an: »Komm näher, wenn du schon einmal hier bist.« Zunächst zögerte der Fuchs. »Oder traust du dich nicht?« Die strenge, raue Stimme des Wolfs ließ keinen Widerspruch zu. Der Fuchs trat näher an den Wolf heran. Zum ersten Mal in seinem Leben fühlte er sich nicht als überlegener Jäger, sondern als hilfloses Opfer.

»Also«, sprach der Wolf.

»Was, also?«, antwortete der Fuchs ahnungslos.

»Ich wiederhole mich ungern. Aber meine Frage von eben war, was du hier willst«, mahnte der Wolf seinen ungebetenen Gast, zu antworten. Der Fuchs dachte einen Moment nach. Der Wolf hatte offenbar nicht die Absicht, wie er zunächst vermutete, ihm nach dem Leben zu trachten. Vielmehr erweckte der Herrscher des Waldes den untrüglichen Anschein, als wäre er gar nicht in der Lage, sich auf sein vermeintliches Opfer zu stürzen, um ihm ein für alle Mal den Garaus zu machen.

»Nun«, sprach der Fuchs wahrheitsgemäß, »ich habe mir Sorgen um dich gemacht. Dein Heulen klang so jämmerlich, dass ich dachte, ich müsste einmal nachschauen, wie es um dich steht.«

Er blickte den Wolf mitleidig an. »Und wie ich sehe, geht es dir tatsächlich nicht besonders gut, oder?!«

»Wie kommst du darauf?«, fragte der Wolf argwöhnisch. Er fühlte sich unbehaglich, weil der Fuchs ihn in dieser schwächlichen Lage vorgefunden und sofort durchschaut hatte. Und er hatte Angst, dass der Fuchs seinen gebrechlichen Zustand für seine Zwecke ausnutzen könnte. Schließlich sagte man dem Fuchs nach, dass er sehr klug und listig sei.

»Mein Befinden geht dich gar nichts an!«, fuhr der Wolf den Fuchs barsch an.

Der Fuchs zuckte zusammen. »Natürlich nicht«, stammelte er verlegen. Und noch ehe der Fuchs wusste, was um ihn herum geschah, holte der Wolf blitzschnell aus und knallte seine riesige Pranke mit voller Wucht auf den flach auf dem Boden kauernden Fuchs. Der Fuchs wusste indes nicht, wie ihm geschah. Damit hatte er beim besten Willen nicht gerechnet. Das ging ihm alles zu schnell, sodass er nicht in der Lage war, rechtzeitig auszuweichen und zu fliehen. Und bald schon erkannte er die üble Lage, in der er sich unfreiwillig befand: Er war dem Wolf bedingungslos ausgeliefert! Ein Entkommen schien schier unmöglich zu sein, da der verhasste Feind seine riesige Pfote mit den gefährlich scharfen Krallen direkt auf dem Rücken des Fuchses platziert hatte und sein Opfer gnadenlos mit aller Kraft zu Boden drückte.

»Was willst du von mir?«, fragte der Fuchs ängstlich nach Luft schnappend. »Lass mich gehen, bitte!«, flehte er leise.

»Warum sollte ich das tun?«, entgegnete der Wolf überlegen. Er grinste hämisch. »Endlich habe ich mal wieder einen Happen zu fressen. Es kommt nicht oft vor, dass einem die Beute direkt vor die Nase läuft.«

Der Fuchs schaute erschrocken nach oben und sah in das Angesicht des Bösen. Er sah messerlange, spitze Zähne, die aus einem gierig sabbernden Maul blitzten. Als er in die entschlossenen Augen des Wolfs starrte, ahnte er sein Ende nahen.

»Du willst mich fressen?«, erkundigte sich der Fuchs mit gespielter Ahnungslosigkeit, obwohl er längst wusste, was der Wolf mit ihm vorhatte. Aber er musste Zeit gewinnen, um sich zu überlegen, wie er sein arg bedrohtes Leben retten konnte.

»Natürlich! Was denkst du denn!«, antwortete der Wolf. »Ich habe schon lange nichts mehr gefressen. Zwar fehlt es mir nicht an der nötigen Kraft, meine Beute zu schlagen, wie du selbst gerade zu spüren bekommst.« Um seine überlegene Stärke zur Schau zu stellen, bohrte er seine Riesenpranke noch tiefer in den Körper des Fuchses, dem dabei fast die Luft ausging. »Aber ich bin nicht mehr schnell genug. Das zunehmende Alter macht mir immer mehr zu schaffen. Ich bin kaum noch in der glücklichen Lage, ein einfaches Kaninchen zu fangen. Stattdessen habe ich das Gefühl, dass mich die Tiere allesamt auslachen, wenn ich hinter ihnen her hetze wie ein räudiger, hinkender Hund.«

Der Fuchs dachte angestrengt nach. Wenn er sein Leben retten wollte, dann musste er das jetzt tun. Viel Zeit blieb ihm nicht. Er konnte bereits das blubbernde Gären des leeren Wolfsmagens über sich hören. Das geifernde Röcheln und die stinkende Atemluft, die dem gierigen Schlund der Bestie entwichen, widerten ihn an. Der Gedanke, in diesem ausgezehrten Magen sein frühzeitiges Ende zu finden, ließ ihn zusammenzucken.

Der Fuchs beschloss, auf gar keinen Fall aufzugeben. Dafür war ihm sein Leben viel zu kostbar. Seinen Tod stellte er sich außerdem ganz anders vor. Und überhaupt – seine Zeit war längst noch nicht gekommen! Überdies war er als Tausendsassa dafür bekannt, dass er allen anderen Tieren des Waldes an List und Tücke um Längen überlegen war. Nichts und niemand konnte es mit ihm an Klugheit und Raffinesse aufnehmen. Und so war es letztendlich kein Wunder, dass dem schlauen Fuchs die rettende Idee kam, wie er seinen bedrohten Hals aus der Schlinge ziehen konnte.

»Ich mache dir einen Vorschlag«, sprach er zum Wolf. Hoffnung, aber auch Angst spiegelten sich in seiner brüchigen Stimme wider.

Der graue Alte spitzte neugierig die Ohren und horchte auf. »Ich höre«, brummelte er ungeduldig. »Aber beeile dich gefälligst, ich habe Hunger.« Den Wolf interessierte schon, was sein Opfer in seiner letzten Stunde vorzubringen hatte, bevor er es mit Haut und Haar zu verschlingen gedachte. Und weil es, wie er berechtigt annahm, sowieso bald zu Ende mit dem Fuchs war, gewährte er ihm großzügig den letzten Wunsch, noch etwas zu sagen.

»Also«, begann der Fuchs wohlüberlegt. Er wusste sehr gut, dass es jetzt auf jedes Wort von ihm ankam. »Die Sache ist doch so: Du bist mittlerweile zu alt und somit viel zu langsam, um jeden Tag genügend Nahrung für dich herbeizuschaffen. Zwar könntest du mich jetzt fressen. Aber tue es lieber nicht. Ich bin wahrscheinlich nicht einmal groß und fett genug, damit du satt und zufrieden über den Tag kommst. Und was folgt dann? Hunger und Leid wie zuvor.« Der Fuchs machte eine kurze Pause. Das andächtige Schweigen des Wolfs verriet ihm, dass er ihn neugierig gemacht hatte.

»Ich schlage dir einen Handel vor«, sprach der Fuchs leise.

»Einen Handel?!«, schrie der Wolf aufgebracht. Das konnte doch wohl nicht wahr sein! Der alte Räuber meinte, sich verhört

136

zu haben. Der Fuchs, der sich wie eine hilflose Maus in der Falle befand und eigentlich um Gnade winseln müsste, wollte handeln? »Ich glaube kaum«, donnerte der Wolf ungehalten, »dass ausgerechnet du in der Position bist, mit mir zu verhandeln.«

»Schon gut, schon gut«, versuchte der Fuchs, den Wolf zu beruhigen. »Hör dir doch erst einmal an, was ich zu sagen habe.«

»Aber mach schnell«, brummte der Wolf. »Ich habe einen Bärenhunger.« In Vorfreude auf das willkommene Mahl schleckte er sich mit der Zunge über das gierige Maul. »Ich kann mich gar nicht mehr daran erinnern, wann ich das letzte Mal Fuchs auf dem Speiseplan hatte«, grinste er.

Dem Fuchs wurde ganz mulmig zumute bei dem Gedanken, gleich vom Wolf gefressen zu werden. Umso überzeugter war er von der Richtigkeit, seinen Plan in die Tat umzusetzen. »Was hältst du davon, wenn wir uns zusammentun?«

»Zusammentun?«, fragte der ahnungslose Wolf. »Wie stellst du dir das denn bitteschön vor? Ein Wolf und ein Fuchs in trauter Gemeinschaft? So einen Unsinn habe ich ja noch nie gehört.« Während er sprach, schüttelte er ungläubig mit dem Kopf.

»Ganz einfach«, erklärte der Fuchs daraufhin: »Ich übernehme die Jagd für dich, versorge dich somit mit ausreichend Futter, sodass du jeden Tag satt wirst. Dafür lässt du mich am Leben und erlaubst mir, dass ich mich jederzeit und überall in deinem Revier aufhalten darf.«

»Hm«, nuschelte der Wolf. Er dachte nach. Mit einer derartigen Wende der Lage hatte er am allerwenigsten gerechnet. »Du meinst, du würdest für den Rest meines Lebens die Jagd für mich übernehmen und mir einige der von dir erlegten Beutetiere servieren, wenn ich dir das Leben schenke?«

»Ja!«, sprach der Fuchs überzeugt. »Überleg doch mal: Du hättest es besser als je zuvor, könntest in aller Ruhe deinen Lebensabend genießen und mich die anstrengende Arbeit machen lassen. Und du bleibst trotzdem der Boss!«

»Hört sich eigentlich ganz gut an«, stellte der Wolf fest und der Fuchs bemerkte zu seiner Erleichterung, dass der Druck auf seinem Körper fühlbar nachließ.

»Ich habe dein Wort?«, hakte der Wolf noch einmal nach.

»Natürlich«, beruhigte ihn der Fuchs. »Was ich verspreche, das halte ich auch. Ehrensache!«

Der Wolf hob seine schwere Pranke und ließ den Fuchs frei, dem daraufhin ein tiefer Seufzer der Erlösung entwich. Er hatte sein Leben wieder!

In der folgenden Zeit begab es sich so, wie Fuchs und Wolf miteinander vereinbart hatten. Denn der Fuchs hielt wie versprochen sein Wort. Während der Wolf meist auf der faulen Haut lag und das Leben in vollen Zügen genoss, streifte der umtriebige Fuchs unermüdlich durch die reichen Jagdgründe und erbeutete haufenweise wilde Tiere, die er dem nimmersatten Wolf bereitwillig vor die Nase setzte. Natürlich blieben dabei auch für ihn genügend leckere Häppchen übrig, die ihn satt machten und die er zudem mit höchstem Genuss verschlang. Der heruntergekommene Wolf erholte sich bald von seiner körperlichen Schwäche und fühlte sich wohler denn je.

Aber auch der Fuchs zog seine Vorteile aus dem gemeinsamen Handel: Er hatte den gesamten Wald für sich. Denn kein Tier außer ihm wagte es, in das Reich des gefürchteten Wolfes einzudringen, der gelegentlich mit einem drohenden, weit hinaus schallenden Heulen darauf verwies, dass er sich nach wie vor als uneingeschränkter Herr des Waldes sah.

Freunde wurden der Fuchs und der Wolf allerdings nie. Dazu waren sie einfach zu verschieden. Zwar ergänzten sie sich gegenseitig, so wie sie es in ihrem gemeinsamen Pakt beschlossen hatten. Jedoch gingen sie sich ansonsten lieber aus dem Weg, und jeder führte sein eigenes Leben – der eine als Wolf und der andere als Fuchs. So, wie es die Natur vorgesehen hatte.

Wie Hund und Katze – unzertrennliche Freunde

»Huuuuh«, heulte Hektor laut auf, dass es nur so schallte. Huuuuh«, wiederholte er sein herzerweichendes Wehgeschrei immer wieder aufs Neue, nachdem er ausreichend Luft geschnappt hatte, die ihm beim vorhergegangenen jammervollen Klagen ausgegangen war. Die Enten hörten auf zu schnattern, die Hühner vergaßen ihr ständiges Gackern, die Ziegen stellten ihr Meckern ein und die Schafe blökten nicht mehr. Alle Tiere des großen Bauernhofes hüllten sich in Schweigen. Sie nahmen Anteil an der tiefen Trauer Hektors.

Hektor war ein großer, pechschwarzer Schäferhund von imposanter Erscheinung. Er wurde aufgrund seiner unbestechlichen Zuverlässigkeit und seiner gewaltigen Stärke von allen Tieren, mit denen er zusammenlebte, hochgeachtet und geschätzt. Denn seine wichtigste Aufgabe war es, als aufmerksamer Wachhund des Hofes die ihm anvertrauten Tiere zu bewachen und zu beschützen. Und diese Aufgabe beherrschte er mit meisterlicher Bravour.

»Was ist mit dir? Warum jammerst du denn so herzerweichend? Was ist geschehen?«

Hektor hatte gar nicht mitbekommen, dass Gertrud, die alte Hausgans vor ihm stand und ihn schon eine ganze Weile neugierig beobachtete. Hektor war es sehr unangenehm, dass ihn die alte Gertrud so sah. »Verschwinde!«, herrschte er sie barsch an. »Das geht dich gar nichts an, du neugierige Gans. Kümmere dich um deine eigenen Angelegenheiten!«

»Na, na«, entgegnete Gertrud gelassen. »Nun sei mal nicht gleich so pampig.« Beleidigt wollte Gertrud den Rückzug antreten. Aber ihre grenzenlose Neugier ließ es nicht zu, dass sie einfach so verschwand, ohne den Grund für Hektors Trauer zu kennen. Also hakte sie noch einmal nach: »Du kannst mir ruhig sagen, was los ist«, sprach sie versöhnlich. »Mir kannst du vertrauen.«

»Ausgerechnet dir?!«, brauste Hektor auf. »Du kannst doch deinen Schnabel nicht mal halten, wenn du schläfst!«

Tatsächlich hatte Hektor recht. Gertrud schnatterte wirklich am laufenden Band. Selbst wenn sie mit geschlossenen Augen zusammengekauert fast bewegungslos in ihrem Nachtlager ruhte, glucksten ohne Unterbrechung unverständliche Geräusche aus ihrem Schnabel. Und sehr mitteilsam war sie überdies auch. Nichts konnte sie für sich behalten. Sie sprudelte nur so vor Eifer, wenn sie Neuigkeiten ausplaudern konnte.

»Was sagst du da?«, fragte Gertrud beleidigt. Sie konnte einfach nicht glauben, was sie eben gehört hatte. »Willst du etwa sagen, dass ich geschwätzig bin?«

»Geschwätzig, genau!«, bellte Hektor. »Und nun sieh zu, dass du fortkommst, bevor ich mich vergesse!« Mit einem lauten, drohenden »Wuff!« jagte er Gertrud einen solchen Schrecken ein, dass sie Hals über Kopf das Weite suchte.

»Endlich ist diese schnatterhafte Nervensäge weg«, seufzte Hektor erleichtert. Gerade beschloss er, weiter zu trauern. Aber als er zu einem erneuten, schwermütigen Heulen ansetzen wollte, kam Gertrud abermals angewatschelt.

»Hör mal«, sprach sie wichtigtuerisch. »Dass ich geschwätzig sein soll, kann ich so nicht stehen lassen.« Hektor war dermaßen überrascht, dass es ihm die Sprache verschlug. Stumm schaute er die schrullige Hausgans an. »Ich bin vielleicht etwas redselig, aber geschwätzig? Na ja, ich denke, dass es dir inzwischen sowieso leidtut, dass du mich derartig beleidigt hast. Wenn du dich bei mir entschuldigst, werde ich dir verzeihen und alles vergessen.« Dann herrschte Schweigen. Gertrud wartete auf ein Zeichen der Versöhnung, während Hektor ratlos dreinschaute. Er erweckte den untrüglichen Anschein, als hätte ihn diese Gans einfach überrumpelt.

»Wie?«, fragte Hektor ahnungslos, als hätte er sich eben verhört. »Was willst du? Ich soll mich entschuldigen? Wofür?«

»Dafür, dass du ein alter, grober Glotz bist und keinerlei Rücksicht auf das sanfte Gemüt einer zartfühlenden Gans nimmst«, antwortete Gertrud selbstbewusst.

Für Hektor gab es keinen Zweifel: Gertrud fühlte sich im Recht und erwartete tatsächlich eine Entschuldigung. Wie absurd, dachte er; überlegte aber gleichzeitig, wie er seine lästige Besucherin wieder loswerden konnte. Schließlich beschloss er nachzugeben. Auch wenn es ihm zuwider war. Aber was sollte er tun?

»Verzeihung. War nicht so gemeint«, nuschelte Hektor kaum hörbar.

»Wie bitte?«, hakte Gertrud sofort nach. Sie rückte Hektor regelrecht auf die Pelle. »Ich habe dich nicht verstanden.«

Hektor kochte innerlich vor Wut. Er wusste genau, dass Gertrud nicht die Wahrheit sagte. Sie genoss es mit Freude, sich zu rächen. Dieses einfältige Federvieh brachte ihn zur Weißglut! »Ich habe es nicht so gemeint, als ich sagte, du seiest geschwätzig. Es tut mir leid.« Hektor sprach laut und verständlich. Er formulierte jedes Wort deutlich aus und fühlte sich dabei so schäbig, weil er klein beigeben musste. Aber nur so war es möglich, Gertrud endlich loszuwerden.

»Na gut«, sprach Gertrud großzügig. »Entschuldigung angenommen.« Hektor fiel ein Stein vom Herzen. Er glaubte, dass sich Gertrud nun postwendend davonmachen würde und er endlich Ruhe vor ihr hätte. Aber weit gefehlt! Die unerschrockene Hausgans setzte sogleich zum zweiten Schritt an, nachdem sie den ersten mit Bravour gemeistert hatte. Schließlich wusste sie immer noch nicht, was Hektor bedrückte.

»Jetzt, da wir uns wieder so gut verstehen, kannst du mir ja auch endlich sagen, was mit dir los ist.« Neugierig stierte Gertrud ihr genervtes Gegenüber mit ausgestrecktem Hals und schiefgehaltenem Kopf an.

Hektor hätte dieser unerzogenen Kreatur am liebsten auf der Stelle den dünnen Hals durchgebissen. Aber als Haus- und Hofhund durfte er das natürlich nicht tun. Denn auch Gertrud gehörte, wie alle anderen auf dem Bauernhof lebenden Tiere zu denen, die er unter Einsatz seines Lebens zu beschützen hatte.

Hektor gab sich geschlagen. Vielleicht half es ihm ja sogar, wenn er sich seinen Kummer von der Seele reden konnte. Zwar gab es etliche Tiere auf dem Hof, denen er sich lieber anvertraut hätte als Gertrud. Aber das Schicksal wollte es nun einmal so.

»Es ist wegen Timo«, klagte Hektor. »Er ist verschwunden. Einfach so. Schon seit zwei Tagen und zwei Nächten.«

»Du sprichst von Timo, dem Kater?«, erkundigte sich Gertrud.

Hektor nickte traurig. »Er ist mein bester Freund. Ich mache mir große Sorgen um ihn.«

Gertrud dachte einen Augenblick schweigend nach. Es kam recht selten vor, dass sich die Gänsedame in eisernes Schweigen hüllte. Hektor hatte einen solchen Zustand bei der flatterhaften Quasselstrippe noch nie zuvor erlebt. Umso größer war sein Erstaunen.

Aber lange hielt die besinnliche Ruhe nicht an. Bereits nach kurzer Zeit übernahm Gertrud wie gewohnt wieder das Wort: »Du brauchst dir keine Sorgen zu machen«, versuchte sie einfühlsam, Hektor zu beruhigen. »Es ist doch ganz normal, dass ein Kater durch die Gegend streift und dabei auch mal die Zeit vergisst.«

»Ja schon«, entgegnete Hektor. »Aber Timo ist doch mein Freund. Wenn er vorgehabt hätte, länger wegzubleiben, dann hätte er mir das bestimmt gesagt. Ich spüre, dass ihm etwas passiert ist.«

»Wenn du meinst?!«, sprach Gertrud zweifelnd. Sie glaubte nicht daran, dass Hektors Sorgen berechtigt waren. Schließlich waren Kater dafür bekannt, dass sie gern Tag und Nacht herumschlichen, um die Gegend unsicher zu machen. Warum sollte das bei Timo, dem frechen, grau getigerten Kater anders sein? Aber dennoch lenkte Gertrud mitfühlend ein: »Wenn du denkst, dass dein Freund in Gefahr ist, dann musst du versuchen, ihn zu finden, damit du ihm helfen kannst. Oder du wartest einfach ab, ob er irgendwann von allein zurückkommt. Wie du dich entscheidest, liegt ganz allein bei dir.«

Nachdem die neugierige Hausgans Gertrud mit der ihr angeborenen Hartnäckigkeit erfahren konnte, was den alten, zottligen Wachhund dermaßen aus dem Gleichgewicht gebracht hatte, entschloss sie sich, Hektor zu verlassen. Schließlich brannte es ihr auf der Seele, die interessanten Neuigkeiten ringsum zu verbreiten. Alle sollten wissen, wie es um Hektor stand, und dass der Kater Timo auf rätselhafte Weise verschwunden war.

»Endlich wieder Ruhe«, seufzte Hektor erleichtert, als er allein war. »Ganz schön anstrengend, diese nervige Gans!«, brummelte er. Dann dachte er nach. Was hatte Gertrud gesagt? Er hatte zwei Möglichkeiten: Entweder abzuwarten, ob Timo von selbst zurückkommt, oder aber sich auf den Weg zu machen, um den Verschollenen zu suchen. Hektor musste nicht lange überlegen. Sein Entschluss stand fest.

Als die Abenddämmerung hereinbrach und mit ihr die nächtliche Stille, schlich sich Hektor klammheimlich davon. »Es wird schon nichts Schlimmes passieren, solange ich weg bin«, redete er sich immer wieder ein, um sein Gewissen zu beruhigen. Je weiter er sich von seinem trauten Heim entfernte, umso weniger machte er sich Gedanken darüber, ob während seiner unerlaubten Abwesenheit irgendetwas vorfallen könnte. Schließlich konzentrierte er sich nur noch auf das einzige Ziel seines Fortgehens: Er musste Timo finden!

Hektor war ein sehr großer, ausgesprochen kräftiger Hund. Deshalb fühlte er sich sicher im dunklen, immer dichter und unheimlicher scheinenden Wald, in den er fortwährend immer tiefer eindrang. Er vermochte es mit allen Tieren aufzunehmen. Selbst den gefährlichen Raubtieren war er gewachsen und bereit, sich ihnen mutig entgegenzustellen, wenn es sein musste. Aber es musste gar nicht sein. Denn Hektor begegnete während seines abenteuerlichen Streifzugs durch den unbekannten Wald nicht einem einzigen Tier. Wahrscheinlich machten die vorsichtigen Waldbewohner einen großen Bogen um ihn, wenn sie ihn witterten.

Nach einiger Zeit überkam Hektor eine lähmende Müdigkeit, wie er sie schon lange nicht mehr erlebt hatte. Er war es nicht mehr gewöhnt, so lange ohne Pause auf den Beinen zu sein. Die Zeit der unbeschwerten Jugend hatte er längst hinter sich. Das Leben, das er als stolzer Wächter von Haus und Hof führte, forderte ihn kaum. Es war bequem und angenehm, und er hatte sich längst daran gewöhnt.

Die Zunge hing ihm aus dem Maul. Er verspürte Durst. Als er auf dem steinigen Waldboden eine Mulde mit Wasser ausmachte, schleckte er das angenehm kühle Nass bis auf den letzten Tropfen auf. Dann legte er sich erschöpft nieder und beschloss, sich ein Nickerchen zu gönnen.

Gerade war Hektor eingeschlafen, als ihm ein wohlbekannter Geruch in die Nase stieg. Anfänglich versuchte er, den angenehmen Duft zu verdrängen. Er wollte einfach nur schlafen und seine derzeitige Ruhe genießen. Er glaubte an einen schönen Traum und ließ sich willenlos einlullen. Aber je stärker der Geruch wurde, umso unruhiger wurde er.

Erinnerungen schwirrten durch seinen Kopf. Es waren schöne Erinnerungen. Im seichten Schlaf träumte er von Timo, seinem besten Freund. Wirre Gedanken nahmen ihn in Besitz, die ihn einfach nicht zur Ruhe kommen ließen. Sein Körper bebte unruhig auf und ab.

Plötzlich durchzuckte es Hektor so heftig, dass er auf der Stelle wach wurde. Er stand auf, hob seine feine Spürnase in die Luft und nahm Witterung auf. Wie in Trance lief er los, immer der Nase nach. Der Geruch, der ihn schon eine ganze Weile umgab und der seine ganze Aufmerksamkeit in Anspruch nahm, wurde immer intensiver. Er lief schneller und schneller. Schließlich rannte er, so schnell er konnte. Sein Herz raste. Die Zunge hing weit heraus.

Er hatte sich nicht getäuscht: Als er plötzlich Halt machte und sich vor einem grauen Häufchen wiederfand, erkannte er seinen Freund Timo. Aber was war geschehen? Der Kater lag wie leblos da und rührte sich nicht. »Timo?«, sprach Hektor ihn hechelnd an. »Timo! Was ist mit dir?« Der Kater antwortete nicht. Hektor ahnte Schlimmes. Ängstlich stupste er seinen Freund mit der Nase an. Sein Körper fühlte sich noch warm an. »Gottseidank«, winselte Hektor tief betroffen, »du lebst!« Ein tonnenschwerer Stein fiel ihm vom Herzen. Sanft schleckte Hektor den geschwächten Kater mit seiner warmen, weichen Zunge ab.

Der Kater Timo erholte sich trotz der rührenden Betreuung durch seinen Freund nicht. Immer noch lag er beinahe bewegungslos da. Nur sein Körper bewegte sich leicht und verriet, dass er flach und gleichmäßig atmete. Hektor beobachtete Timo besorgt. Er hatte Angst um ihn.

»Du darfst nicht sterben, hörst du?« flehte er. »Du darfst nicht sterben!« Hektor wusste nicht einmal, ob Timo ihn überhaupt hören konnte. Aber trotzdem redete er immer wieder mitfühlend auf ihn ein. »Du kannst mich doch nicht einfach im Stich lassen. Was soll ich denn ohne dich machen? Ich brauche dich doch!« Hektor war der Verzweiflung nahe. Er fühlte sich so hilflos wie noch nie zuvor in seinem Leben. Da fasste er einen Entschluss.

Behutsam nahm Hektor den kleinen, ausgemergelten Kater in seine riesige Schnauze. Timos Körper war schlaff und kraftlos. »Hab keine Angst«, nuschelte Hektor durch den halb geöffneten Fang, als Timo ein leiser, gequälter Seufzer entwich. »Ich werde dir nicht wehtun.« Mit seiner wertvollen Fracht begab sich Hektor nun auf den Weg nach Hause. Er lief ruhig und überaus vorsichtig, denn er wollte jede noch so kleine Erschütterung vermeiden, um seinem kranken Freund nicht zu schaden. Als er zu mitternächtlicher Stunde im heimischen Bauernhof angekommen war, bettete er Timo vor die Haustür seines Herrn und kratzte heftig an der Tür, um die Bewohner aufzuwecken. Dann suchte er sich ein sicheres Versteck, von dem aus er alles beobachten konnte.

»Was soll denn das?«, murrte der alte Bauer, als er schwerfällig zur Tür schlurfte. Wenn er aus seinem innig geliebten Tiefschlaf gerissen wurde, war nicht gut Kirschenessen mit ihm. »Hektor?!«, schimpfte er. »Wenn du mich grundlos aus dem Bett gejagt hast, kannst du was erleben!«

Die Tür öffnete sich mit einem lauten Knarzen. Die breitschultrige Statur des Bauern, der in voller Größe im Türrahmen stand, ließ nur einen spärlichen Lichtschein aus dem Haus nach draußen dringen. Aber für Hektor reichte das Licht aus, um aus sicherer Entfernung das Geschehen beobachten zu können.

»Nanu«, wunderte sich der Hausherr, als er nach unten blickte und Timo erspähte. »Wo kommst du denn her? Wir haben dich alle vermisst.«

»Timo, das ist ja Timo!«, erklang plötzlich eine helle Kinderstimme, die sich vor freudiger Erregung beinahe überschlug. Gleichzeitig drängte sich ein kleines Mädchen durch den engen Spalt zwischen dem Bauern und dem Türrahmen. Papa, lass mich durch!«, schimpfte es wild mit den Armen herumfuchtelnd, um sich Platz zu verschaffen. »Ich muss zu meinem Timo! Er braucht mich!«

»Beruhige dich, Leonie«, versuchte der Vater erfolglos, seine aufgeregte Tochter zu mäßigen.

»Was ist mit dir?«, fragte Leonie ratlos, als sie Timo vor sich liegen sah. Erschrocken schaute sie ihn mit großen Kinderaugen an. »Bist du krank?« Zärtlich nahm die Kleine ihr Lieblingshaustier auf den Arm und trug es nach drinnen. Die knarzende Tür wurde geschlossen und es trat Ruhe ein.

Hektor ging nachdenklich zu seiner Hütte. Die Beine fühlten sich bleischwer an. Er war erschöpft und müde. Sein einziger

Wunsch war es, ungestört auszuschlafen. Den nächtlichen Ausflug, den er sich unerlaubt genehmigt hatte, schien niemand bemerkt zu haben.

Es verging eine Woche. Hektor trottete wie gewohnt über den Hof, um sein Revier abzuschreiten und überall nach dem Rechten zu sehen.

»Hallo Hektor, mein Freund!«, rief da eine wohlbekannte Stimme. Hektor drehte sich überrascht um. »Na, nun schau nicht so dumm aus der Wäsche!« Vor ihm stand Timo und strahlte ihn in voller Lebensfreude an.

»Timo!«, rief Hektor ganz außer sich. »Wie geht es dir? Ich habe mir solche Sorgen um dich gemacht! Bist du wieder ganz gesund?«

»Ja, klar«, antwortete Timo gelassen. Dann schaute er Hektor tief in die Augen. »Und das habe ich nur dir zu verdanken. Wärst du nicht gewesen, dann hätte ich die schreckliche Vergiftung niemals überlebt.«

»Vergiftung?«, erkundigte sich Hektor.

»Ja«, bestätigte Timo daraufhin und erklärte, wie es ihm unlängst ergangen war. »Ich hatte mir vorgenommen, Mäuse zu jagen. Und eigentlich lief es auch ganz gut. Bis ich etwas gefunden hatte, das so lecker roch und so gut aussah, dass ich der Versuchung einfach nicht widerstehen konnte. Und ich musste es nicht einmal fangen. Es lag einfach da. Als ich einen kleinen Bissen davon versucht hatte und zu meiner Zufriedenheit feststellen konnte, dass es tatsächlich ausgezeichnet mundete, nahm ich mir den ganzen Brocken vor. Dass es sich bei dem, was ich mir bedenkenlos schmecken ließ, um Gift handelte, merkte ich leider erst, als es schon zu spät war. Mir wurde auf einmal speiübel, dann drehte sich alles um mich herum. An mehr kann ich mich nicht erinnern.«

»Zum Glück habe ich dich noch rechtzeitig gefunden«, seufzte Hektor erleichtert.

»Ja, zum Glück«, wiederholte Timo dankbar. »Der Tierarzt hat mit seiner Medizin das Gift aus meinem Körper getrieben, und dank Leonies liebevoller Pflege bin ich ganz schnell wieder gesund geworden.« Die beiden Freunde schwiegen einen Moment. Sie genossen die anheimelnde Stille der Zweisamkeit.

»Aber woher kam denn eigentlich das Gift?«, wollte Hektor wissen.

»Das Gift«, stöhnte Timo, »ja das Gift. Das haben wahrscheinlich die Menschen ausgelegt. Sie wissen gar nicht, was sie damit anrichten können.«

Gunnar wird geboren

»Aua!, was piekst mich denn da in meinen Po?« Gunnar ist maßlos empört. Der kleine, knuddelige Teddybär spürt es ganz deutlich: Irgendetwas hat ihn gerade in sein flauschiges Hinterteil gestochen! Er richtet sich auf und blinzelt verschlafen durch seine halb geöffneten, mattglänzenden Knopfaugen. Alles um ihn herum ist finster, sodass er kaum etwas erkennen kann. Nur wenig Licht schlängelt sich durch einen schmalen Spalt, der eine angelehnte Tür vermuten lässt. Aber was er mühsam erblicken kann, scheint ihm fremd und unbekannt. Wo ist er? Und was hat ihn eben so fürchterlich gepiesackt, dass er auf Knall und Fall aus seinem Tiefschlaf gerissen wurde?

Aufrecht sitzend, dreht er seinen Kopf neugierig nach links und nach rechts. Anschließend schaut er fragend nach oben und zu guter Letzt mit gesenktem Blick nach unten. Aber dann muss er sich doch sehr wundern. Denn er hat etwas Sonderbares entdeckt: »Was ist denn das für ein merkwürdiger Strick?«, wundert er sich besorgt und zieht einen langen, dünnen Zwirnfaden unter sich hervor, auf dem er eben noch, ohne es selbst zu bemerken, wie eine brütende Henne auf ihren Eiern gesessen hat. Der rätselhafte, nicht enden wollende Faden besitzt die gleiche braune Farbe wie sein plüschig weiches Teddybärenfell.

Gunnar bemüht sich emsig, hinter des Rätsels Lösung zu kommen, um zu erfahren, was es mit diesem verdächtigen Faden auf sich hat. Wie beim Tauziehen zieht und zieht er daran – bis er plötzlich am anderen Ende des feinen Strickes eine lange, dünne Nadel zu fassen bekommt. Beinahe hätte er sich an diesem absonderlichen, aber auch sehr gefährlichen Ding verletzt. Als er die scharfe, bedrohliche Spitze am Anfang der Nadel sieht, huscht ein kalter Schauer des Entsetzens durch seinen Körper, der ihn schauderhaft frösteln lässt. Jetzt weiß der aufgeschreckte Teddybär, was ihn dermaßen fürchterlich geplagt hat, dass er davon sogar aufgewacht ist. Erschrocken wirft er die Nadel weit von sich.

Nun schaut sich Gunnar neugierig im Raum um. Erstaunt stellt er fest, dass er inmitten eines weichen Haufens aus samtigem Plüsch und seidenen Stoffen in den verschiedensten Farben hockt. Überall, wohin er auch blickt, sieht er unzählige Teile von kastanienbraunen, schneeweißen und pechschwarzen Teddybären, die nur darauf zu warten scheinen, dass sie endlich zu einem Ganzen zusammengefügt werden. Manche Stoffbären sind schon fast fertig, anderen hingegen müssen noch die Beine und die Arme, der Kopf, die Augen oder die Ohren angepasst werden.

Jetzt geht Gunnar ein Licht auf. Endlich versteht er, wo er sich befindet: Er ist in einer Teddybärenwerkstatt aufgewacht! Auf einem bunten, mit lustigen Bildern gestalteten Plakat, das dermaßen auffallend an der Wand hängt, dass es ihm trotz der finsteren Umgebung sofort in die Augen sticht, liest er mit grenzenlosem Erstaunen: »Heute Tag der offenen Tür! Große Kinderveranstaltung in der Werkstatt: Jedes Kind darf sich einen Teddybären stopfen und ihn mit nach Hause nehmen!«

Gunnar wird nachdenklich. »Ich bin also von einem Kind erschaffen worden?!«, grübelt er schlussfolgernd aus dem eben Gelesenen. Er staunt über alle Maßen. Dann schweift sein gedankenverlorener Blick ahnungslos durch den weiten Raum. Alles um ihn herum ist leblos und still. Bis auf eine immerfort störende, laut surrende Fliege, die mit beständiger Aufdringlichkeit frech um seine schwarzglänzende Nase herumschwirrt. Mit fahrigen Armbewegungen versucht das auserwählte Opfer immer wieder, den dreisten Störenfried zu vertreiben. Schließlich haben seine emsigen Bemühungen Erfolg: Der fette Brummer gibt nach einigen angriffswütigen Versuchen auf und fliegt nicht ohne Groll von dannen.

»Aber warum hat mich das Kind denn nicht mit nach Hause genommen?«, stammelt Gunnar enttäuscht mit brüchiger, weinerlicher Stimme. »Habe ich ihm nicht gefallen, so wie ich bin?« Mit einem Mal fühlt er sich einsam und alleingelassen. Während er sich selbst bemitleidet, kullert eine dicke, heiße Träne hemmungslos aus einem seiner Knopfaugen. Doch nach und nach besinnt er sich. Verärgert über sich selbst, schnieft er kurz auf, wischt sich besonnen die Träne aus dem Gesicht und entscheidet beherzt, sein Leben selbst in die Hand zu nehmen.

»Nur weg von hier!«, entschließt sich Gunnar, seinen beengenden Geburtsort zu verlassen. Wegen seiner ersten, ungelenken Schritte in seinem jungen Leben noch unbeholfen taumelnd, tapst er unsicher zur Tür, öffnet sie soweit, dass er hindurchschlüpfen kann und tritt hinaus ins unbekannte, abenteuerliche Leben.

Gunnar bekommt einen Freund

»Hallo! Wer bist du denn?« Gunnar erschrickt fürchterlich. Die fremde Stimme, die er soeben wie aus heiterem Himmel wahrnimmt, erscheint ihm unheimlich. Ihr forscher Klang fährt dem kleinen Teddybären regelrecht in die Glieder. Eben noch in dem festen Glauben, weit und breit mutterseelenallein zu sein, wird er unverhofft auf Knall und Fall eines Besseren belehrt. Eingeschüchtert schaut er zaghaft auf; nicht ahnend, was ihn im nächsten Augenblick erwarten könnte. Kaum hat er den gesenkten Blick vom Boden geradeaus nach vorn gerichtet, sieht er zu seiner Überraschung eine unbekannte Gestalt vor sich stehen, die einen gewaltigen, angsteinflößenden Schatten auf ihn wirft. Wieder bekommt er einen furchtbaren Schreck, der so gewaltig ist, dass ihm die schlotternden Beine den Dienst versagen. Er sackt hilflos zusammen und findet sich mit seinem Hinterteil auf dem Fußboden sitzend wieder.

Aber ehe er gedanklich erfassen kann, was wirklich geschieht, wird ihm eine Hand gereicht. Ohne lange zu überlegen, streckt auch Gunnar wie im Rausch seine Hand aus. Er fühlt den leichten Druck der fremden Hand in der seinen und er spürt eine herzliche Wärme, die ihn angenehm durchströmt. Behutsam wird er nach oben gezogen, bis er wieder aufrecht und sicher auf den Beinen steht.

»Entschuldigung!«, spricht der Fremde sanftmütig auf Gunnar ein, als sich beide gegenüberstehen. »Ich wollte dich nicht erschrecken.«

Gunnar ist zunächst sprachlos. Neugierig beäugt er sein Gegenüber. Beruhigt stellt er fest, dass der Unbekannte überhaupt nichts Beängstigendes an sich hat. Im Gegenteil: Mitten in einem freundlich lächelnden Gesicht mit strahlend blauen Augen trägt der Mann eine riesige rote Nase. Sein offenherziges, breites Grinsen zieht die Mundwinkel von einem Ohr zum anderen. Er ist knallbunt gekleidet mit weiter Hose, schlotteriger Jacke, viel zu großen, geflickten Schuhen und einem kleinen Hütchen auf dem Kopf, an dessen Seite eine Sonnenblume angesteckt ist.

»Schon gut«, stammelt Gunnar verlegen. Er weiß zunächst nicht so recht, was er sagen soll. Beschämt wegen seiner unbegründeten Angst, fühlt er sich unsicher. »Du konntest ja nicht wissen, dass ich so schreckhaft bin.« Dann stellt er sich erst einmal vor: »Mein Name ist ... äähm ...«, überlegt der kleine Teddybär, dem gerade bewusst wird, dass er eigentlich noch gar keinen Namen hat, » ...Gunnar«, fällt ihm dann spontan ein. Der andere schaut Gunnar fragend an. »Na, du willst doch wissen, wer ich bin!«, begründet Gunnar sein Verhalten. »Du hast mich doch vorhin danach gefragt!«

»Ach so, ja natürlich!«, kommt die Antwort nach kurzem Zögern. »Ich bitte um Nachsicht, aber ich habe eben auf dem Schlauch gestanden, wie man so sagt.«

»Wie? Auf dem Schlauch gestanden?« Gunnar kann mit dieser merkwürdigen Redensart ganz und gar nichts anfangen. Hier ist doch gar kein Schlauch, auf dem man stehen kann?!

»Na, ich hatte eine lange Leitung! War schwer von Begriff! Verstanden?«

Gunnar ist sich zwar nicht ganz sicher, ob er wirklich weiß, worum es geht. Aber um dem ganzen unsinnigen Gerede ein Ende zu bereiten, erklärt er kurzerhand: »Aber klar doch! Ich habe verstanden!«

Nun ist Gunnars neue Bekanntschaft am Zuge, sich zu erklären: »Mein Name ist Peter.« Als er nicht die erhoffte Reaktion erfährt, setzt er noch ergänzend hinzu: »Peter, der Clown. Mich kennen und lieben alle Kinder! Bis eben habe ich auf dem großen Kinderfest noch mit meinen lustigen Streichen die Kinder zum Lachen gebracht.« Mit einem verschmitzten Zucken um die Mundwinkel zwinkert er Gunnar fröhlich lächelnd an und meint tröstend: »Macht nichts, wenn du noch nichts von mir gehört hast. Dafür lernst du mich ja jetzt kennen.« Dann schlägt Clown Peter überraschend vor: »Wollen wir Freunde sein? Zu zweit ist das Leben viel schöner und kurzweiliger als allein. Wir können zusammen lustige Dinge machen, gemeinsame Abenteuer erleben, durch Dick und Dünn gehen. So, wie das echte Freunde eben tun.«

Clown Peter reicht dem glücklichen Teddybären Gunnar die Hand. Der nimmt sie ohne zu zögern. Unendlich froh darüber, endlich einen wahren Freund gefunden zu haben und somit nicht mehr allein sein zu müssen. Und während beide ihre Freundschaft besiegeln, spüren sie so etwas wie eine Seelenverwandtschaft, die sie für immer und ewig verbindet.

Gunnar in der bunten Spielewelt

Die beiden Freunde Gunnar und Peter beschließen, den Tag nicht unnütz verstreichen zu lassen und stattdessen gemeinsam zu spielen. »Es gibt hier eine sehr schöne Minigolfanlage«, schlägt Peter vor.

»Minigolf?«, stammelt Gunnar unsicher. »Aber ich weiß doch gar nicht, wie man das spielt.«

Peter, der sich grundsätzlich nicht so leicht geschlagen gibt, wenn er sich etwas vorgenommen hat, erwidert prompt: »Ich kann es dir erklären. Ich habe schon oft Minigolf gespielt. Es ist gar nicht so schwer. Und Spaß macht es zudem auch noch.« Dann stupst er den unentschlossenen Gunnar freundschaftlich an, um ihn aufzumuntern. »Du wirst schon sehen, dass ich recht habe.« Gunnar vertraut seinem Freund Peter und willigt schließlich in das für ihn neuartige Vorhaben ein.

Als die beiden gut gelaunt mit den besten Absichten auf dem Weg nach draußen sind, stellen sie zu ihrer Verwunderung an der Türschwelle fest, dass es in brausenden Strömen regnet. Nudeldicke Bindfäden fallen kerzengerade vom dunkelgrauen, wolkenverhangenen Himmel auf die Erde herab und hinterlassen mit ihrer prasselnden Gewalt ein wüstes Bild der Unordnung.

»Schade«, ärgert sich Gunnar. Er schaut betrübt nach oben. Die dicken, schweren Regenwolken erwecken nicht den Anschein, dass sich das Wetter in der nächsten Zeit ändert. »Da wird es wohl nichts mit dem Spielen«, stellt er enttäuscht fest. Dabei hat er sich schon so darauf gefreut, mit Peter einen fröhlichen und unbeschwerten Nachmittag zu verbringen.

Aber Clown Peter ist da ganz anderer Meinung als sein bester Freund. »Wer wird denn gleich aufgeben?«, fragt er schelmenhaft grinsend. »Minigolf spielen können wir zwar vergessen, aber ...« Mit erhobenem Zeigefinger fährt er fort: »Warte hier! Ich bin gleich zurück!« Er macht auf der Stelle kehrt und verschwindet lautlos. Gunnar tut, was man ihm aufgetragen hat. Wenngleich er sehr neugierig ist, was sein Freund wohl vorhat. Clown Peter steckt immer wieder voller Überraschungen, die Gunnar jedes Mal aufs Neue zum Staunen bringen.

Ungeduldig trippelt Gunnar wie auf glühenden Kohlen pausenlos von einem Bein auf das andere. Obwohl es nur etwa eine Minute dauert, bis Peter zurück ist, kommt Gunnar die Zeit des Wartens wie eine halbe Ewigkeit vor.

»Na endlich!«, mault der kleine Teddy unzufrieden. »Wo warst du denn?«

Peter ist genauso schnell, wie er eben verschwunden ist, wieder an Ort und Stelle aufgetaucht. Siegessicher hält er zwei Regenschirme in den Händen. »Nicht so griesgrämig!«, mahnt er. Dann reicht er Gunnar einen der Schirme. »Wir werden uns doch von diesem Mistwetter nicht die Laune verderben lassen!«

Wie ein begossener Pudel steht Gunnar vor seinem Freund Peter. Ahnungslos stammelt er: »Wie meinst du das?«

»Komm einfach mit!«, fordert der Freund ihn auf. »Wir gehen hinüber ins benachbarte Gebäude. Dort ist ein herrlicher Spielplatz, ein Indoor-Spielplatz, auf dem wir uns nach Herzenslust austoben können. Da kann es draußen regnen, so viel und solange es will.«

Entschlossen spannt er seinen Schirm auf und läuft zielgerade los. Gunnar bleibt nichts anderes übrig, als Peter auf dem Fuße zu folgen. Wenngleich er im Grunde nicht weiß, ob es sich überhaupt lohnt. Also öffnet auch er seinen Regenschirm und läuft Peter eilig hinterher.

Gunnar muss sich ganz schön beeilen, damit er mit Peters langen, zügigen Schritten mithalten kann. Schließlich hat der kleine Teddybär viel kürzere Beine als der hochgewachsene Clown. Wenn Peter einen gemächlichen Schritt tut, muss Gunnar mindestens fünf oder sechs Schritte machen. Seine kurzen Beine bewegen sich in Windeseile. Manchmal verhaspelt er sich auch und er gerät leicht ins Taumeln, weil er in seiner grenzenlosen

Hast über die eigenen Füße stolpert. Aber es gelingt ihm immer wieder, sich zu fangen und weiter zu hetzen. Als die beiden endlich am Zielort ankommen, ist Gunnar ganz außer Puste vor Erschöpfung. »Das ist ja anstrengender als ein Marathon«, schimpft der kleine Bär, als er wieder genug Luft zum Atmen zur Verfügung hat.

»Aber dafür hat sich die Mühe auch gelohnt!«, antwortet Peter überzeugt.

Und ob sich die Mühe gelohnt hat! Als Teddy Gunnar und Clown Peter mitten in der großen Indoor-Spielewelt für Kinder stehen, ist Gunnar tief beeindruckt von alldem, was er sieht. Augenblicklich ist der mühsame Anmarsch durch die regennasse Landschaft vergessen. Hier gibt es eine riesige Auswahl an Spiel- und Freizeitmöglichkeiten für Kinder aller Altersgruppen. Es kann nach Herzenslust an einer Kletterwand geklettert, auf einer riesigen Rutsche gerutscht, auf dem Trampolin gesprungen oder sich im Bällebad ausgetobt werden. Und das sind nur einige der vielen Möglichkeiten, die der Freizeitspaß zu bieten hat.

Gunnar und Peter überlegen nicht lange. Ohne zu zögern, stürzen sie sich ins Vergnügen. Denn schließlich wollen sie alles ausprobieren, was ihnen an Spiel und Spaß geboten wird. Und so haben sie gemeinsam viel Freude und eine unbeschwerte Zeit des Frohsinns und der ausgelassenen Heiterkeit.

Nach einiger Zeit verabschiedet sich Clown Peter von seinem Freund. »Ich muss dich nun leider verlassen«, spricht er mit ehrlichem Bedauern. »Ein fröhlicher Kindergeburtstag steht noch an, bei dem ich als Clown ein buntes Festprogramm mitgestalten soll, was ich auch immer wieder sehr gern tue. Denn es gibt nichts Schöneres für mich als strahlende Kinderaugen.« Während Peter von den strahlenden Kinderaugen spricht, beginnen auch seine Augen begeistert zu funkeln. »Das Geburtstagskind erwartet mich.« Bedauernd hebt er die Schultern. »Es tut mir sehr leid. Aber du kannst ja noch hierbleiben, wenn du willst.«

Gunnar überlegt einen Moment. »Warum eigentlich nicht?«, erwägt er. Schließlich sind noch eine Menge gut gelaunte Kinder da, und das bunte, fidele Treiben ringsum lässt sicher auch für den kleinen Teddybären keine Langeweile aufkommen.

»Wir sehen uns bestimmt bald wieder!«, sind Peters letzte Worte, als er dem Kameraden im Hinausgehen zuwinkt.

Gunnar findet sich auch allein sehr gut in der aufregenden Spielewelt zurecht. Er ist seinem Freund sehr dankbar dafür, dass er ihn hierher an diesen traumhaften Ort geführt hat. Immer wieder entdeckt er etwas Neues, das nur darauf zu warten scheint, auf eigene Faust von ihm ausprobiert zu werden. Anfänglich spielt Gunnar noch allein, aber bald schon findet der gesellige Knuddelbär unter den anwesenden Kindern viele Gleichgesinnte, mit denen er sich gemeinsam nach Herzenslust austoben kann. Und so lernt er Laura, Erik, Paul, Anna, Claudia, Franziska und noch viele andere Kinder kennen und schließt Freundschaft mit ihnen.

Aber irgendwann ist Gunnar vom wilden Herumtollen dermaßen ausgepowert, dass er beschließt, etwas auszuruhen. Er sucht eine stille, abgeschiedene Ecke zum Verweilen und lässt sich erschöpft auf dem samtweichen Boden nieder. Verträumt schließt er die Augen und versinkt in eine berauschende Welt der schwebenden Schwerelosigkeit, die ihn sanft dahingleiten lässt, bis er selig und zufrieden einschläft.

Als Gunnar aus seinem Tiefschlaf aufwacht, muss er zu seinem Erstaunen feststellen, dass es bereits sehr spät ist. Die Kinder haben das beliebte Spielehaus längst allesamt verlassen. Auch für

Gunnar wird es nun Zeit zu gehen, bevor die Tür abgeschlossen wird und die Räumlichkeiten für den nächsten Tag vorbereitet werden.

Er ist so glücklich und zufrieden, wie man es nur sein kann, wenn man gerade einen wunderschönen, ereignisreichen Tag verlebt und gute Freunde gefunden hat.

Gunnar verliebt sich

Am folgenden Tag beschließt Gunnar, einen ausgedehnten Spaziergang zu machen, um die weitläufige Umgebung zu erkunden. Schließlich brennt er schon sehnsüchtig darauf, Unbekanntes zu erforschen und Neues zu entdecken. Seine angeborene Neugier ist es, die ihn vorantreibt.

Schon sehr früh am Morgen erhellt die beizeiten aufgehende Sonne mit ihren sanft wärmenden Strahlen den beginnenden Tag. Gunnar blinzelt angestrengt nach oben, der freundlich funkelnden Sonne entgegen. »Wo warst du denn gestern?«, fragt er vorwurfsvoll, aber auch ein wenig verärgert. Natürlich erwartet er von der Sonne keine Antwort. Stattdessen stellt er nur kopfschüttelnd fest: »Hast dich einfach vom aufbrausenden Regen vertreiben lassen!«

Doch dann entkrampft sich Gunnars streng aufgelegte Miene schlagartig. Versöhnlich spricht er: »Hauptsache, du lässt mich heute nicht im Stich.« Ein kurzes, blitzendes Aufflackern der Sonne verrät dem kleinen, zufriedenen Teddybären, dass der leuchtende Feuerball am Himmel verstanden hat und ihm diesmal wohlgesonnen beizustehen gedenkt. Letztendlich ist die

Sonne ihm das auch schuldig, nach dem verpatzten Wetter am gestrigen Tag.

Aber bevor sich Gunnar auf die bevorstehende Erkundungstour begibt, beschließt er, ausgiebig zu frühstücken, um genügend Kraft für den anstrengenden Tag zu tanken. Sein hungriger Magen dankt es ihm mit einem wohligen, sanftmütigen Brummen, und gibt ihm damit zu verstehen, dass er rundum zufrieden ist. Ein reichhaltiges Frühstücksbüfett im freundlich eingerichteten Frühstücksraum des Hotels lässt keine Wünsche offen. An den heiteren Gesichtern der großen und kleinen Hotelgäste kann Gunnar ablesen, dass sie allesamt wunschlos glücklich sind mit dem abwechslungsreichen Angebot. Für jeden ist das Richtige dabei! Und den fröhlichen Kindern macht es zudem noch riesigen Spaß, immer wieder nach vorn ans Büfett zu gehen und sich die eine oder andere Leckerei zu holen.

»So«, stellt Gunnar zufrieden fest. Er ist sehr glücklich darüber, dass er in diesem wunderschönen Hotel zur Welt gekommen ist und nun hier wohnen darf. »Genug gegessen und getrunken.« Er hält sich stolz den kugelrunden Bauch, der nach der reichhaltigen Mahlzeit zum Bersten vollgestopft ist. »Wenn ich weiter esse, platzen meine Nähte noch!« Besorgt schaut er an sich herab.

Gerade will er von seinem Stuhl aufstehen und gehen, da macht er eine ungeschickte Bewegung. Der Stuhl, auf dem er sitzt, gerät ins Wanken, kippelt und fällt nach hinten um. Gunnar versucht unterdessen verbissen, Herr der misslichen Lage zu werden, aber es gelingt ihm trotz aller Anstrengungen nicht. Im mühsamen Bestreben, nicht das Gleichgewicht zu verlieren und ebenso wie sein Stuhl zu Fall zu kommen, verliert er die Balance und strauchelt kopfüber nach vorn. Gunnar sieht bereits verzweifelt ein unausweichliches Unheil auf sich zukommen. Doch da wird er in letzter Sekunde aufgefangen.

»Hoppla, wen haben wir denn da?« Gunnar blickt verwundert in zwei fröhlich strahlende, freundliche Augen. »Hast du dir wehgetan?«, fragt das liebenswürdige Mädchen, das ihn in ihren rettenden Armen hält, ehrlich besorgt.

»Nein«, stammelt Gunnar verlegen. Der kleine Teddy fühlt sich unbehaglich wegen seiner Hilflosigkeit. Vorsichtig befreit er sich aus den Armen des Mädchens, das seinem Drängen sofort gehorcht und ihn auf der Stelle freigibt.

»Danke, dass du mich aufgefangen hast« wispert Gunnar schüchtern mit zum Boden gesenktem Blick.

»Aber das ist doch ganz selbstverständlich«, antwortet das Mädchen zuvor-kommend. Dann herrscht für einen Augenblick eine drückende, schweigsame Stille. Keiner der beiden weiß so recht, was er sagen soll.

»Wie heißt du?«, fragt das Mädchen neugierig.

Gunnar ist heilfroh, dass sie mit ihrer Frage die bleischwere Last von ihm nimmt und das Gespräch in Schwung bringt. Er selbst hätte damit aufgrund seiner Schüchternheit ernstliche Schwierigkeiten gehabt. »Gunnar«, antwortet der braune, knuddelige Teddybär sofort wie aus der Pistole geschossen. »Mein Name ist Gunnar! Und wie heißt du?«, stellt er die Gegenfrage.

»Ariana«, haucht die neue Bekanntschaft mit anmutiger Stimme, die in Gunnars Ohren wie eine liebliche Melodie klingt. Er hebt den Blick und schaut in ein engelsgleiches Gesicht. Ihm ist plötzlich wie aus heiterem Himmel seltsam schummrig zumute. In seinem Bauch gerät alles durcheinander, und die Beine fühlen sich so weich an, als wären sie aus Pudding. Gunnar hat sich verliebt!

»Ariana? Ach hier bist du!« Der Junge, der etwa in Arianas Alter ist, kommt auf die beiden zu gerannt. »Wo bleibst du denn?«, fragt er vorwurfsvoll. »Deine Eltern suchen dich schon überall. Du sollst sofort ins Hotelzimmer kommen und dich umziehen. Wir wollen gleich los!«

Verdattert steht Gunnar da. Eben hat er das bezauberndste Geschöpf kennengelernt, das es zwischen Himmel und Erde gibt. Und dann kommt dieser aufdringliche Knabe wie ein schwerer Klotz daher gepoltert und zerstört die sanfte Bande zwischen dem frisch Verliebten und seiner entzückenden Eroberung, indem sich der unverschämte Störenfried einfach rücksichtslos zwischen die beiden wirft!

Ariana blickt sich aufgeschreckt um. »Ja natürlich... Ich komme!«, antwortet sie verstört. Dann schaut sie Gunnar nachdenklich an. »Hast du heute schon etwas vor?«, fragt sie ihn überraschend mit einem einladenden Lächeln im Gesicht.

»Eigentlich ...«, stammelt er nachdenklich, »... wollte ich heute das schöne Wetter nutzen und mich ein wenig draußen in der Natur umsehen.«

»Das trifft sich gut«, entgegnet Ariana erfreut. »Dann kannst du ja auch mit uns mitkommen! Wir haben für heute eine ganztägige Wanderung geplant. Was meinst du, Max?« Sie schaut den neben sich stehenden Jungen fragend an.

Der erwidert nur gleichgültig brummend: »Von mir aus.«

»Das ist übrigens Max, mein Freund. Eigentlich heißt er Maximilian. Aber das ist mir zu lang«, stellt Ariana Gunnar ihren Freund vor. »Also nenne ich ihn einfach Max. Das tun fast alle, die ihn kennen.« Gunnars Herz bekommt einen Stich. Ariana hat einen Freund! Dabei hat er sich doch schon Hoffnung gemacht.

Aber viel Zeit zum Nachdenken bleibt ihm ohnehin nicht. Ariana redet ohne Luft zu holen wie ein sprudelnder Wasserfall auf das ungleiche Duo ein. »Und dieser kleine, plüschige Bursche heißt Gunnar. Wir haben uns eben kennengelernt und sofort gegenseitig ins Herz geschlossen. Stimmt's?«

»Stimmt«, bestätigt Gunnar.

Die drei beschließen, sich in zehn Minuten am Hotelausgang zu treffen, um gemeinsam mit Arianas Eltern zu wandern. Gunnar kommt es ganz gelegen, dass er nicht allein auf weiter Flur umherirren muss und stattdessen in angenehmer Begleitung durch die Landschaft ziehen kann. So läuft er nicht Gefahr, sich zu verlaufen, und unterhaltsamer ist es in der Gruppe allemal.

Gunnar auf Wanderschaft

Neben Ariana, ihren Eltern und dem Freund Max schließt sich Gunnar mit Vergnügen als Fünfter im Bunde den wanderlaunigen Leuten an. Bald machen sie sich auf den Weg. Gemeinsam erobern sie dichte Wälder, entdecken romantische Täler und streifen über grüne Wiesen. Gunnar ist sehr angetan von der vielfältigen, wunderschönen Natur, in der er sich als begeisterter Wanderer frei und ungezwungen bewegt. Die frische, saubere Luft sorgt für belebende Energie und gute Laune. Hier kann er die Seele baumeln lassen und nach Herzenslust träumen.

Auch Gunnars Begleiter sind ausnahmslos hingerissen von der einzigartigen Landschaft, die sie umgibt. Manchmal vergessen sie in ihrer endlosen Begeisterung, dass sie einen kleinen, tapsigen Teddybären bei sich haben, dem es trotz größter Bemühungen recht schwer fällt, mit den schnellen, langen Menschenschritten mitzuhalten. Aber Ariana behält Gunnar immer wachsam im Auge. Und als er den anderen gar nicht mehr hinterher kommt, nimmt ihn das rührige Mädchen fürsorglich an die Hand, und sie laufen auf gleicher Höhe nebeneinander, wobei Gunnar das Tempo bestimmen darf. Und gelegentlich nimmt Ariana Gunnar auch behutsam auf den Arm und trägt ihn ein Stück, damit er sich von den zurückliegenden Strapazen erholen kann.

Von Ariana erfährt Gunnar, dass sie, ihre Eltern und Max aus einer weit entfernten, großen Stadt kommen, in der von einer Natur in diesem Ausmaß kaum etwas zu sehen und zu spüren ist. Unüberschaubare, üppige Felder, wildwuchernde Wiesen und dichte, geheimnisvoll rauschende Wälder sind ihnen zu Hause fremd. Stattdessen bestimmen undurchdringlicher Straßenverkehr mit stinkenden Abgasen, hohe Betonbauten und ständiger Großstadtlärm den Alltag seiner neuen Freunde. Deshalb sind die Stadtbewohner sehr froh, endlich einmal einige freie Tage in der urwüchsigen Natur mit all seiner unberührten Schönheit verbringen zu können. Max' Eltern haben leider keinen Urlaub bekommen. Aus diesem Grunde darf sich Max Arianas Familie anschließen. Und Ariana ist sehr froh, ihren besten Freund an der Seite zu haben.

Als die Mittagszeit heranrückt, beschließt die muntere Wandergruppe einstimmig, eine Rast einzulegen. Auf einer Wiese am Rande eines Waldes breitet Arianas Mutter eine große Decke aus, auf der alle mühelos Platz finden. Ein Korb mit leckerem Essen steht bereit. Für jeden ist etwas Brauchbares dabei: Es gibt Wurst, Käse, Brot, Obst, kaltes Fleisch, aber auch Kuchen und

Kekse für die genießerischen Leckermäuler. Und natürlich ausreichend Tee, Saft und Limonade zum Trinken.

Gunnar ist erstaunt, wie viel er schon wieder essen und trinken kann nach dem üppigen Frühstück am Morgen, als er schon ernsthaft befürchtet hat, dass er aus allen Nähten platzen könnte. Aber zügiges Wandern und frische Luft machen bekanntermaßen hungrig und durstig.

Nachdem alle mehr als genug gesättigt und mit sich und der Welt zufrieden sind, werden sie von einer einnehmenden Müdigkeit übermannt, die sie faul und träge werden lässt. Es ist das untrügliche Zeichen, dass die Zeit für ein geruhsames Mittagsschläfchen herangerückt ist. Auch Gunnar hat sich, ebenso wie die anderen, hingelegt und lauscht in die mitttägliche Stille. Ringsum ist kaum etwas zu hören. Nur das gelegentlich auf- und abklingende grunzende Schnarchen von Arianas Vater stört die berauschende, besinnliche Ruhe auf empfindsame Weise.

Ariana und Gunnar sind die Einzigen, die nicht sofort eingeschlafen sind. »Gestern hatte ich übrigens Geburtstag«, flüstert Ariana leise, damit die anderen nicht wach werden.

»Oh«, wispert Gunnar ebenso sanft. »Da wünsche ich dir noch nachträglich alles Gute«, haucht er.

»Danke! Es war eine sehr schöne Feier«, fährt Ariana in angenehmen Erinnerungen schwelgend fort. »Meine Eltern haben extra für mich einen echten Clown bestellt, der mit seinem Programm aufgetreten war. Das war vielleicht lustig!«

Gunnar wird hellhörig. »Einen Clown?«, fragt er neugierig nach. »Kennst du auch seinen Namen?«

»Na klar, er hat sich doch vorgestellt. Peter ist sein Name, Clown Peter.«

»Den kenne ich!« Gunnar fährt aufgeregt hoch.

»Pssst!«, mahnt Ariana mit an den Mund angelegtem Finger zur Ruhe. »Du weckst ja die anderen auf!«

Gottseidank hat Gunnar mit seinem unbeherrschten Verhalten niemanden aufgeweckt. Lediglich Max hat sich laut schniefend auf die andere Seite gedreht und dann tief und fest weiter geschlafen. Gunnar erzählt Ariana ausführlich von der ersten Begegnung mit dem netten Clown Peter und davon, wie sie beide Freundschaft geschlossen und einen gemeinsamen, kurzweiligen Tag verbracht haben, obwohl das schlechte Wetter ihnen beinahe ein Schnippchen geschlagen hätte. Ariana lauscht Gunnars samtweicher, brummiger Stimme mit großem Interesse. Sie ist berührt von der vertraulichen Geschichte, die Gunnar ihr in allen Einzelheiten erzählt. So, als würden sich die zwei schon eine Ewigkeit kennen. Sanft schlummert sie ein.

Gunnar schleicht sich unterdessen davon. Als er vor einer bunten Wiese mit einem prächtigen Blumenmeer steht, zögert er nicht lange. Gewissenhaft sucht er die schönsten Blumen aus, pflückt sie behutsam und bindet sie zu einem auserlesenen Strauß zusammen. Dann geht er zurück, platziert den Blumenstrauß neben die schlafende Ariana und legt sich selbst wieder hin. Er hofft ganz fest, dass Ariana sich über die nachträglichen Geburtstagsblumen freuen wird.

Nach etwa einer Stunde der wohlverdienten Ruhe rekeln sich die Schlafenden genüsslich. Langsam wachen sie einer nach dem anderen auf. Auch Ariana erwacht allmählich. Auf dem Rücken liegend, bemüht sie sich mit Blick in den Himmel, die Augen zu öffnen. Der grelle Schein der strahlenden Sonne verhindert allerdings, dass sie die Augen ganz aufmacht. Geblendet dreht sie sich blinzelnd zur Seite um.

»Was … was ist das denn?«, stammelt das Mädchen überrascht, als es neben sich einen herrlichen Strauß bunter Blumen erblickt. »Die sind für dich«, wispert Gunnar gespannt. Er ist sehr aufgeregt, weil er nicht weiß, wie Ariana auf seine kleine Geste reagiert. »Weil du doch gestern Geburtstag hattest«, begründet er sein Geschenk, das er ehrlichen Herzens an die Freundin weitergibt.

Ariana strahlt vor Freude wie ein Honigkuchenpferd. Ohne Vorwarnung schnappt sie sich Gunnar und schließt ihn überglücklich in die Arme. »Danke!«, haucht sie gerührt mit feuchten Augen und drückt ihm einen schmatzenden Kuss ins Gesicht. »Vielen, vielen Dank!«

Auch Gunnar fühlt sich sehr glücklich, weil es ihm gelungen ist, Ariana mit einer bescheidenen Aufmerksamkeit eine große Freude zu machen.

Aber nun ist es Zeit, den gemeinsamen Streifzug durch die wunderschöne Natur fortzusetzen. Durch das üppige Picknick und den ausgedehnten Mittagsschlaf gestärkt und ausgeruht, macht sich die fröhliche Wandergruppe wieder auf den Weg. Unterwegs erlebt die gesellige Runde noch viele aufregende, schöne, spannende und lustige Dinge, von denen einige sicher in ewiger Erinnerung bleiben werden. Der Tag ist geprägt von ausgelassenem Spiel und Spaß, aber auch von besinnlichen Beobachtungen in der unentdeckten Natur mit ihren rätselhaften Erscheinungen. Und als sie ganz leise sind, können sie sogar gelegentlich frei lebende, wilde Tiere wie Hasen, Rehe und Hirsche erblicken, die sich unbeobachtet fühlen und deshalb trotz ihrer angeborenen Scheu vor den Menschen aus ihren tief verborgenen Verstecken heraustreten.

Am frühen Abend kommen sie endlich wieder am Hotel an. Alle sind sehr erschöpft. Sie fühlen sich durchweg schlapp und ausgelaugt. So einzigartig die gemeinsame Wanderung für jeden einzelnen auch war – nun wächst die Sehnsucht, den wunderschönen Tag besinnlich und erholsam ausklingen zu lassen.

Gunnar verabschiedet sich wehmütig von Ariana. Das freundliche Mädchen ist ihm richtig ans Herz gewachsen.

»Es war sehr schön mit dir«, spricht Ariana traurig. »Aber morgen früh reisen wir leider ab.« Noch einmal nimmt sie ihren neuen, lieb gewonnenen Freund entschlossen in die Arme und drückt ihn an sich, so fest sie kann. Diesmal kullern bei beiden einige Tränen. Abschied kann wehtun.

Gunnar in der Wellness-Welt

Am nächsten Morgen wacht Gunnar noch sehr müde und endlos erschöpft auf. Er fühlt sich wie gerädert, denn er ist die ganze Nacht nicht richtig zur Ruhe gekommen. Immer wieder hat er sich hektisch von einer Seite auf die andere gewälzt. Nun tut ihm alles weh. Wahrscheinlich ist der anstrengende Fußmarsch am Vortag schuld an seiner üblen Lage, denkt er verärgert. Es war zwar sehr schön, mit Ariana, Max und Arianas Eltern gemeinsam in fröhlicher Runde zu wandern, aber auch über alle Maßen aufreibend.

Gunnar beschließt, den Tag langsam angehen zu lassen und mal richtig faul zu sein, um sich zu schonen. Seine geschundenen Glieder mühevoll streckend und dehnend, muss er sich aber eingestehen, dass er dennoch irgendetwas tun muss, um seine alte

Form wieder zu erlangen. Es bleibt ihm gar nichts anderes übrig. Denn ein ungelenker, steifer und bei jeder Bewegung schmerzender Körper kann auf Dauer mitunter sehr lästig sein.

Gunnar schlurft schwerfällig an die Rezeption im Eingangsbereich des Hotels, um sich dort einen fachkundigen Rat einzuholen. Die nette Dame am Empfang nimmt sich auch, wie für jeden Gast, sogleich die erforderliche Zeit für den besorgten Gunnar und hört sich sein Anliegen mit großem Interesse an.

»Ich habe da etwas für dich«, spricht die Empfangsdame überzeugt, als sie erkennt, wo bei dem kleinen, mitleidigen Teddybären der Schuh drückt. Sie lächelt ihn freundlich an. Gunnar horcht gespannt auf. »Ich empfehle dir, unseren Wellnessbereich aufzusuchen. Dort kann man ganz bestimmt etwas für dich tun.«

»Wellnessbereich?«, erkundigt sich Gunnar überrascht.

»Ja«, kommt die prompte Bestätigung. »Unsere Wellnessoase ist das Paradies für Körper und Seele. Die fachkundigen Wellness-Mitarbeiter beraten dich sicher gern.«

Den freundlichen Rat befolgend, macht sich Gunnar unverzüglich auf den Weg, um erwartungsvoll dorthin zu gehen, wo man ihm anscheinend helfen kann. Als er zurückhaltend die Tür aufmacht und schüchtern durch den geöffneten Spalt schaut, tritt ihm sogleich eine drahtige Person entgegen.

»Hallo!«, wird er einnehmend begrüßt. »Komm nur herein! Keine Scheu! Sei herzlich willkommen! Was kann ich für dich tun?«

»Ich habe gestern eine ganztägige, anstrengende Wanderung absolviert«, antwortet Gunnar der redseligen Frau, als er auf ihr Geheiß hin in den Raum eintritt.

»Und nun tut dir alles weh«, stellt sie wissend fest.

»Ja«, bestätigt Gunnar erstaunt. »Aber woher wissen Sie ...?«

»Das ist doch ganz normal«, beruhigt ihn die geschulte Dame. »Du hast dich überanstrengt. Wenn man seinem Körper zu viel zumutet«, erklärt sie streng, »ohne ihn darauf vorzubereiten, dann hat das meist derartige Folgen. Muskelkater nennt man das. Es ist zwar nicht wünschenswert, wie du dich im Augenblick fühlst, aber absolut harmlos.« Aufmunternd zwinkert sie Gunnar zu. »Keine Sorge«, gibt sie kund, »das bekommen wir ganz schnell wieder hin.«

Gunnar ist beruhigt. Das forsche, offenkundige Auftreten der fachlich bewanderten Expertin für das allgemeine Wohlbefinden lässt in ihm die zufriedenstellende Hoffnung aufkeimen, dass es ihm bald wieder besser geht. Und so lässt er sich bereitwillig auf die für ihn zugeschnittenen Maßnahmen ein, die ihm helfen sollen.

»Normalerweise würde ich dir ein heißes, entkrampfendes Kräuter-Entspannungsbad empfehlen«, erklärt Gunnars eifrige Betreuerin ihrem Schützling. »Aber das ist bei dir natürlich nicht möglich.« Gunnar versteht nicht. Sein ahnungsloser Blick verrät, dass er Erklärungsbedarf hat. Und die aufschlussgebende Erklärung folgt auf der Stelle: »Du bist ein süßer, knuffiger Teddybär. Was denkst du, wird wohl passieren, wenn du ein Bad nimmst?« Darüber hat sich Gunnar noch gar keine Gedanken gemacht. Aber ehe er antworten kann, wird er auch schon aufgeklärt: »Du bist aus Stoff und Plüsch zusammengesetzt. Dein Körper würde sich restlos mit Badewasser vollsaugen, bis nichts mehr in dich hineingeht. Du würdest erbärmlich enden wie ein aufgeschwemmter, vermodernder Sack.«

Gunnar erschrickt. Was die Frau eben gesagt hat, klingt entsetzlich. Aber je länger er darüber nachdenkt, muss er feststellen, dass sie recht hat. Wie ein aufgeblähter, prall gefüllter Wasser-ballon will er natürlich nicht enden. »Aber was schlagen Sie statt-dessen vor?«, fragt er mit ehrlicher Besorgnis.

»Komm einfach mit!«, wird er daraufhin kurz und bündig auf-gefordert, und Gunnar folgt gehorsam. Obwohl er ganz und gar nicht weiß, was auf ihn zukommt.

Wenig später liegt Gunnar bäuchlings auf einer Pritsche und spürt eine angenehme, wohlige Wärme durch seinen Körper strömen. Die erhitzten Steine, die auf seinem Rücken liegen, tun ihm ausgesprochen gut. Er fühlt sich auf einmal locker und ent-spannt.

Nach der überaus wirksamen Hot-Stone-Behandlung wird Gunnar anschließend noch mit sanftem Händedruck massiert. Die Mitarbeiterin des Wellness-Bereiches erklärt ihrem Schütz-ling während der einfühlsamen Massage, dass Hot Stone der englische Begriff für heißer Stein ist, und dass die Wärme der Steine tief in den Körper eindringt und somit für eine wohltu-ende Entspannung sorgt.

Der vormals geplagte und geschundene Teddy Gunnar fühlt sich nach der gründlichen Behandlung körperlich entkrampft und seelisch befreit. Er bedankt sich für die großartige Hilfe, die ihm zuteilwurde und begibt sich, nachdem er sich wohlerzogen verabschiedet hat, im Anschluss noch in den Fitnessraum. Er möchte sich unbedingt erkundigen, wie er durch gezieltes Trai-ning seinen Körper in Form bringen kann, damit er die nächste Wanderung oder andere körperliche Strapazen in Zukunft bes-ser übersteht.

»Guten Tag«, wird Gunnar freundlich angesprochen. Der hoch-gewachsene, schlanke Fitnesstrainer stellt sich dem fremden, neugierigen Besucher höflich vor. Anstandslos zeigt er dem aufmerksamen Gast alles, was die moderne Einrichtung an Sport- und Fitnessgeräten zu bieten hat und beantwortet gern seine Fragen.

Im Fitnessraum tummeln sich viele Menschen an den unterschiedlichsten Geräten. Gunnar fühlt sich aufgrund des wimmelnden Gewusels wie mittendrin in einem emsigen Bienenschwarm. Mit Vergnügen würde er die eine oder andere Möglichkeit des sportlichen Trainings gleich an Ort und Stelle ausprobieren, aber leider muss er erfahren, dass derzeit alle Gerätschaften voll ausgebucht sind.

»Ich empfehle dir, einen Termin zu vereinbaren«, schlägt der Fitnesstrainer vor. Gunnar überlegt nicht lange und willigt ein. In Vorfreude auf das bevorstehende erste Training mit dem erfahrenen Fitnesstrainer verlässt er zufrieden den Fitnessbereich.

Gunnar am Hotelpool

Gunnar fühlt sich wieder pudelwohl. Beschwingt nimmt er sich vor, noch einen kleinen Rundgang zu machen, wenn er schon einmal unterwegs ist. Sein Weg führt ihn auch an einer Badelandschaft vorbei, die mit großzügigem Schwimmbecken und Whirlpool ausgestattet ist. Zwar weiß er inzwischen, dass er diese feucht-fröhliche Vergnüglichkeit bedauerlicherweise nicht nutzen kann, weil er aufgrund seiner Beschaffenheit nicht dafür gemacht ist, sehr nass zu werden. Schließlich kann er sich nicht einfach wie die fidelen Badegäste, die er gerade mit heller Begeisterung beobachtet, mit einem Handtuch abtrocknen, wenn er durchnässt ist. Außerdem würde sich sein Körper beim Baden mit Wasser vollsaugen, was zur Folge hätte, dass er immer schwerer werden würde und er letztendlich hilflos ertrinken könnte.

Aber Gunnar kann es dennoch nicht lassen, trotz der bestehenden Gefahr, wenigstens einmal um den Rand des Schwimmbeckens herum zu schlurfen, um den heiteren Hotelgästen beim Schwimmen, Tauchen, Planschen und Wasserspielen zuzusehen. Wie gern wäre er jetzt eines der fröhlichen Kinder, die sich vergnüglich spielend gegenseitig einen riesigen, mit Luft gefüllten Ball zuwerfen.

Ganz in Gedanken versunken, merkt Gunnar in seiner verträumten Welt nicht, dass sich ihm neugierig ein kleiner, sommersprossiger Junge nähert, der flach auf dem Bauch auf einer Luftmatratze liegt und mit den Händen paddelnd bis zu ihm an den Beckenrand angeschwommen kommt. »Willst du mitschwimmen?«, fragt der Junge forsch.

Gunnar schreckt auf. »Wie? Was?«, fragt er entgeistert. »Meinst du mich?

Es dauert nicht lange, da ist Gunnar wieder Herr seiner Sinne. Erfreut über das großzügige Angebot, willigt er sogleich begeistert ein. Was kann ihm das Wasser schon anhaben, wenn er hoch oben auf der schützenden Matte im Trockenen sitzt, denkt er unbekümmert. Der gutmütige Junge reicht Gunnar gefällig die Hand und hilft ihm gern beim Aufstieg.

Etwas mulmig ist dem kleinen Teddy dann aber doch zumute, als er die weiche Matte betritt, die sich bei jeder noch so bescheidenen Bewegung von ihm sachte in die Wasseroberfläche eindrückt.

»Du brauchst keine Angst zu haben«, beruhigt der Junge den verunsicherten Teddybären. »Die Luftmatratze hält sogar meine

schweren Eltern getrost auf dem Wasser, ohne unterzugehen.«
Als Gunnar dann nach einigen unsicheren, strauchelnden Bewegungen endlich zuversichtlich auf seinem Hinterteil sitzt, fühlt er sich schon erheblich wohler.

»Ich bin Tommy«, stellt sich der stolze Besitzer der Luftmatratze vor.

»Hallo!«, entgegnet Gunnar erwartungsvoll und spricht: »Mein Name ist Gunnar.« Er hebt zum Gruß ganz langsam und vorsichtig den rechten Arm und deutet ein flüchtiges Winken an, während er sich mit dem linken Arm ängstlich in der weichen Luftmatratze abstützt. So ganz geheuer ist ihm seine ungewöhnliche Lage nämlich nicht. Fester Boden unter den Füßen wäre ihm wesentlich lieber.

Dann erklärt Tommy seinem neuen Freund mitteilsam: »Meine Eltern sind zusammen mit meinem kleinen Bruder in der Sauna.« Er verzieht das Gesicht zu einer ablehnenden Grimasse. »Die finden es tatsächlich fabelhaft, mit wildfremden Leuten in einem engen Raum gelangweilt rumzusitzen und zu schwitzen, was das Zeug hält.« Er schüttelt sich abweisend, als wolle er etwas Widerliches von sich schleudern, das wie eine lästige Klette an ihm hängt. »Na ja, sie sind eben erwachsen. Und Erwachsene zu verstehen, ist manchmal gar nicht so einfach. Besonders, wenn es die eigenen Eltern sind. Für mich ist so eine Sauna jedenfalls überhaupt nichts«, erklärt er überzeugt. »Ich bin viel lieber im kühlen, frischen Wasser, wo man nach Herzenslust spielen und sich austoben kann.« Tommy sieht Gunnar wichtigtuerisch an. »Weil ich schon ein bisschen schwimmen kann, haben meine Eltern mir erlaubt, allein hier zu bleiben, bis sie zurück sind.«

»Ich kann leider nicht schwimmen«, bedauert Gunnar seufzend. »Und ich darf auch gar nicht richtig ins Wasser, weil sich mein Körper dann vollsaugen und ich hilflos ertrinken würde.«

Tommy denkt einen Moment nach. »Macht nichts!«, tröstet er den kleinen Teddy mit einer lässigen Handbewegung. »Hier auf meiner Luftmatratze bist du sicher. Und ein paar kleine Wassertropfen werden dir bestimmt nicht schaden, oder?« Tommy grinst vielsagend.

»Bestimmt nicht!«, gibt Gunnar mit einem Lächeln zurück.

Die beiden haben eine Menge Spaß miteinander. Sie tollen ausgelassen herum und treiben ungeniert ihren Schabernack mit anderen badenden Kindern, indem sie sich unbemerkt an sie heranschleichen und ihre auserkorenen Opfer dann aus dem Hinterhalt überraschend laut grölend bespritzen. Sie durchkreuzen paddelnd das große Poolbecken und fühlen sich wie die stolzen Herren der Weltmeere. Gunnar hat seine anfängliche Furcht vor der weichen Matte längst verloren, auf deren schwabbeligen Boden er sich inzwischen ziemlich sicher bewegt. Und Tommy gibt bei all dem rasenden Getümmel dennoch unbedingt Obacht, dass sein Spielgefährte nicht allzu nass wird.

»Tommy! Kommst du bitte! Es ist Zeit!«

Tommy horcht aufmerksam auf. »Das ist meine Mutter«, spricht er dann traurig. »Ich muss jetzt leider gehen. Aber es war sehr schön, mit dir zu spielen.«

»Och, schade«, brummelt Gunnar enttäuscht, »immer, wenn es am schönsten ist ...« Auch er hätte, genau wie Tommy, noch ein wenig mehr Zeit zum Spielen gehabt.

Gekonnt steuert Tommy die ruhig auf der Wasseroberfläche dahingleitende Luftmatratze an den Beckenrand. Dorthin, wo seine Mutter geduldig steht und auf den folgsamen Sprössling wartet, um ihn gebührend in Empfang zu nehmen. Sie reicht ihrem Sohn aufmerksam die Hand, um ihm aus dem Wasser zu helfen. Tommy erhebt sich wankend, greift nach der angebotenen Hand und macht einige unbeholfene Schrittchen, bis er mit Elan einen Riesenschritt tut, der ihn mithilfe einer schwungvollen Armbewegung der Mutter aus dem Becken trägt.

Doch da passiert das tragische Unglück: Tommy hat bei seinem abenteuerlichen Ausstieg aus dem Wasserbecken vor Aufregung ganz vergessen, dass er nicht allein ist. Als er die Luftmatratze verlassen hat, kippt der schwimmende Teppich nach der Seite ab, auf der der kleine, hilflose Teddybär einsam und verlassen am Rand sitzt und geduldig wartet, bis auch er endlich an der Reihe ist, wieder festen Boden zu betreten. Gunnar kann sich nicht halten. Der Boden unter ihm ist glatt wie Schmierseife. Es geht alles viel zu schnell. Nur ein leises Platschen verrät, dass er soeben ins Wasser gerutscht ist.

Der hilflose Gunnar spürt verzweifelt, wie sich sein weicher, leichter Körper mit Wasser vollsaugt, er immer schwerer wird und unwiderruflich wie ein nasser Sack in die Tiefe des Wasserbeckens absinkt. Dann verwischen alle Eindrücke um ihn herum, entrücken seinem Bewusstsein und lösen sich schließlich in Nichts auf. Er wird ohnmächtig.

Gunnar wird gerettet

Gunnar erwacht wie aus einem Tiefschlaf. Er spürt eine angenehme, wohltuende Wärme, die ihn wie ein schützender Mantel umschließt. Langsam öffnet er die Augen. Er sieht die schattigen, verschwommenen Umrisse eines Jungen, der etwas in der

Hand hält, mit dem er hartnäckig um ihn herumfuchtelt. Als sich sein nebelhafter Blick allmählich auflöst und er endlich wieder deutlich sehen kann, erkennt Gunnar erstaunt, dass Tommy vor ihm steht und vor Anstrengung schwitzt. Der besorgte Junge ist gerade dabei, Gunnar mit einem Föhn zu trocknen.

»Gottseidank!«, seufzt Tommy erleichtert, als er Gunnars fragenden Blick wahrnimmt. »Ich dachte schon, du wachst gar nicht mehr auf.«

»Was ist passiert?«, fragt Gunnar ahnungslos stammelnd. Er kann sich nur noch bruchstückhaft an die letzten Momente erinnern, bevor ihn die Ohnmacht schonungslos übermannt hat.

»Du bist von der Luftmatratze gerutscht und ins Wasser gefallen«, erklärt Tommy kurz und bündig. Mit gesenktem Kopf gibt er kleinlaut zu: »Ich bin nicht ganz unschuldig an der Katastrophe. Ich habe nicht aufgepasst, als ich über den Beckenrand gestiegen bin. Ich Trottel habe doch glatt vergessen, dass du noch auf der Matratze sitzt!« Er klatscht sich mit der flachen Hand gegen die Stirn, um seine grenzenlose Schusseligkeit zu unterstreichen. »Da ist sie einfach mit dir umgekippt und du bist im Wasser gelandet.«

Tommy schaut Gunnar schuldbewusst an. »Und wie bin ich hierhergekommen?«, fragt Gunnar neugierig. »Wo bin ich überhaupt?«

»In unserem Hotelzimmer. Wir wohnen hier in den Ferien. Meine Eltern, mein kleiner Bruder und ich.« Tommy denkt einen Augenblick nach. Dann fährt er fort: »Als ich gemerkt habe, dass du ins Wasser gefallen bist, bin ich sofort hinterher gesprungen. Ich kann nämlich ganz gut tauchen, musst du wissen. Das war vielleicht ein Schreck, als ich dich regungslos am Beckenboden liegen gesehen habe! Ich dachte schon, jetzt ist alles aus! So schnell ich konnte, habe ich dich aus dem Wasser geholt. Meine Mutter meinte, ich sollte dich mitnehmen und richtig durchtrocknen. Am besten mit einem Haartrockner.«

Tommys Miene ist immer noch tief betrübt. Gewissensbisse plagen ihn. Er fühlt sich schuldig. »Bist du mir jetzt böse?«, fragt er leise.

»Ach, Unsinn!«, winkt Gunnar leichtfertig ab. »Es ist ja noch mal alles gut gegangen. Und außerdem hast du es nicht mit Absicht gemacht. Eigentlich müsste ich dir sogar dankbar sein, weil du so beherzt eingegriffen und mich auf diese Weise rechtzeitig gerettet hast. Du hättest mich ja auch einfach achtlos liegenlassen können.«

Tommy fällt ein tonnenschwerer Stein vom Herzen, als er erfährt, dass Gunnar ihm sein Missgeschick nicht nachträgt, durch das der kleine Teddybär sein noch sehr junges Leben fast verloren hätte. »Du kannst gern noch eine Weile bei uns bleiben, wenn du möchtest«, bietet Tommy seinem kuscheligen Freund in ehrlicher Absicht an. »Schließlich solltest du dich nach den aufreibenden Strapazen erst einmal richtig erholen. Was dir Schlimmes widerfahren ist, kommt immerhin nicht alle Tage vor.« Dankbar nimmt Gunnar die Einladung an.

Gunnar bekommt Familienanschluss

Gunnar bleibt noch einen ganzen Tag bei Tommy und seiner überaus gastfreundlichen Familie. Er wird ohne Zögern sehr herzlich von allen Familienmitgliedern freudig aufgenommen. Mit Tommys kleinem, entzückendem Bruder versteht sich

Gunnar sofort. Schnell freunden sich die beiden an und spielen gern in einträchtiger Runde miteinander. Fröhliche Kinder und niedliche Teddybären gehören eben zusammen.

Nur hin und wieder muss der große Bruder beherzt eingreifen, wenn der tollpatschige Sven in seinem Übereifer etwas zu grob mit dem samtweichen Teddy umgeht und ihn beim Spielen zu derb anfasst. Dann schimpft Tommy mit dem Kleinen. Belehrend spricht er mit strenger Miene und erhobenen Zeigefinger auf ihn ein: »Wenn du dem Teddy wehtust, darfst du nicht mehr mit ihm spielen!« Daraufhin schaut der kleine Bursche ganz traurig aus der Wäsche. Er ist sich keiner Schuld bewusst. Schließlich will er doch niemandem etwas Böses tun, sondern nur spielen!

»Ach, lass ihn doch!«, beschwichtigt Gunnar seinen aufmerksamen Aufpasser. »Es war ja gar nicht so schlimm. Sven ist halt noch zu klein, um alles zu verstehen.«

Nur mit einem Familienmitglied hat Gunnar ernstliche Probleme: mit Rocky. Rocky ist ein kleiner, lebhafter, ständig herum kläffender Mischlingshund, der immer höchst aufmerksam darauf bedacht ist, dass in seinem Menschenrudel alles seinen gewohnten Gang geht. Für ihn ist der pelzige Teddybär nichts weiter als ein fremder Eindringling, der hier in seinem Revier nichts verloren hat und deshalb schnellstmöglich das Weite suchen sollte!

Deshalb muss Rocky zu seinem Leidwesen allein im Badezimmer bleiben, solange Gunnar in der Familie zu Gast ist. Zumal es der vierbeinige Raufbold beinahe geschafft hätte, den nichts ahnenden Gunnar mit seinen scharfen Zähnen zu erwischen und sich in ihm festzubeißen, um ihn anschließend wütend knurrend durch die Luft zu schleudern. Aber Tommys Vater hat den Plan des erbosten Hundes entschieden durchkreuzt. Er ist gerade noch rechtzeitig herbeigeeilt, um Schlimmeres zu verhindern, indem er den hitzköpfigen Kampfhahn ohne zu zögern beim Schopfe gepackt und ihn kurzerhand ins Bad eingesperrt hat.

Jedes Mal, wenn Rocky bellt oder laut grollend knurrt und dabei bärbeißig hinter der Tür auf dem Boden herumkratzt, als wolle er sich unter der Tür hindurchgraben, zuckt Gunnar ängstlich zusammen.

»Keine Angst!«, beruhigt Tommy den eingeschüchterten Teddy. »Rocky ist sicher eingesperrt da drin. Der kommt niemals raus!«

Auch der kleine Sven nimmt besorgt regen Anteil an dem jämmerlichen Zustand des verängstigten Freundes. »Keine Angst, keine Angst ...«, plappert er pausenlos in seiner undeutlichen Kindersprache dem großen Bruder nach. Dabei nimmt er Gunnar herzlich in die Arme und drückt ihn liebevoll ganz fest an sich.

Der schöne Tag im Kreise von Tommys Familie neigt sich betrüblicherweise dem Ende. Zusammen gehen sie am frühen Abend ins gemütliche Restaurant zum gemeinsamen Abendessen. Gunnar ist natürlich eingeladen. Jeder sucht sich mit großem Interesse aus der Speisekarte das Essen aus, das ihm am meisten zusagt. Der freundliche Kellner nimmt gern die Bestellung auf und zeigt auch Engelsgeduld, als es bei den Kindern etwas länger dauert, sich zu entscheiden. Dass es allen ausnahmslos schmeckt, erkennt man an der anheimelnden Stille während des Essens. Nur Sven hüpft im Kinderstühlchen am laufenden Band aufgeregt hin und her. Er fühlt sich eingeengt in seinem Stuhl. Essen scheint nicht unbedingt sein Ding zu sein. Mit einem großen Löffel in der Hand bewaffnet, verteilt er seine breiige Mahlzeit zur Belustigung aller Beteiligten nicht nur gleichmäßig im unzufrieden dreinschauenden Gesicht, sondern auch weitflächig um sich herum.

Inzwischen ist es spät geworden. Für Gunnar und Tommy wird es Zeit, sich zu verabschieden. Gemeinsam stehen die beiden eng aneinandergeschmiegt draußen vorm Hoteleingang und beobachten im lauen Sommerwind die glutrot untergehende Sonne.

Gunnar trifft seinen alten Freund

Es ist Sonntag, und der Tag macht seinem Namen alle Ehre: Die allgewaltige Sonne strahlt aus Leibeskräften und spendet der Erde neue Kraft und frische Energie. So ist es kein Wunder, dass die Menschen um Gunnar herum allesamt heiter und fröhlich sind. Aber Gunnar ist sowieso bester Laune. Denn heute findet ein großes Sommerfest mit vielen Überraschungen für Groß und Klein statt. So steht es jedenfalls auf den farbenfrohen Plakaten, die überall herumhängen. Da darf der gesellige Teddy natürlich nicht fehlen. Und so macht sich Gunnar erwartungsvoll auf, um sich neugierig ins bunte Getümmel zu stürzen.

»Hallo, wie geht's?«

»Schön, dich zu sehen!«

»Wir freuen uns, dass du hier bist!« Gunnar schiebt und drängelt sich mühsam durch ein bewegtes Gewimmel von aufgekratzten Menschen, die ihn ausnahmslos liebenswürdig und höflich begrüßen. Aber er empfindet keinerlei innere Unruhe oder gar betrüblichen Unmut des dichten Gedränges wegen. Gunnar freut sich stattdessen sehr über die grenzenlose Aufmerksamkeit, die ihm zuteilwird. Er spürt die herzliche Wärme der alten und jungen Menschen, die in friedlicher Eintracht zusammengekommen sind, um ein schönes Fest zu erleben. Er fühlt sich eng verbunden mit der gleichgesinnten Gemeinschaft der feierlaunigen Menschen.

»Willst du mitkommen und mit uns gemeinsam spielen?« Gunnar dreht sich überrascht um. Eine vergnügte Kinderschar richtet ihre fröhlich funkelnden Augen auf den kleinen Teddybären, der nicht so recht weiß, wie er sich verhalten soll.

»Meint ihr mich?«, fragt er verblüfft.

»Natürlich! Wen denn sonst?«, schallt es laut lachend aus dem unübersichtlichen Gemenge.

Gunnar weiß vor Rührung nicht, was er sagen soll. Für einen Moment versagt ihm die Stimme den Dienst. Sein kleines Herz hämmert vor Aufregung. Die Kinder kennen ihn doch gar nicht, und trotzdem darf er sich ihnen anschließen! Verlegen räuspert er sich. »Hmm, hmm«, presst er hervor.

»Na, was ist?«, fragt ein forsch auftretender Junge. »Willst du nun mitkommen, oder nicht?«

Da antwortet Gunnar: »Ja! Natürlich! Gern!« Er strahlt überglücklich vor Begeisterung.

Schnell machen sich die aufgeschlossenen Kinder und der rührige Teddybär miteinander bekannt. Gunnar ist vor Entzückung hin und her gerissen, weil er dermaßen schnell geselligen Anschluss gefunden hat, noch dazu einen solch angenehmen.

Das Sommerfest ist wunderschön, und so verlebt auch Gunnar mit seinen neu gewonnenen Freunden eine herrliche Zeit des geselligen Frohsinns. Überall sind unterhaltende Spiele aufgebaut, die für kurzweilige Unterhaltung und kunterbunten Spaß sorgen. Gunnar lernt mit heller Begeisterung immer wieder andere Kinder kennen, mit denen er sich schnell anfreundet.

»Sieh mal, da!« Marius, einer der vielen neugewonnenen Kameraden, tippt Gunnar aufgeregt mit dem Finger an. Gunnar dreht sich fragend zu dem zappeligen Jungen um und schaut neugierig in die Richtung, in die Marius, der völlig aus dem Häuschen zu sein scheint, begeistert zeigt. Eine riesige Menschentraube hat sich in der Nähe der beiden angesammelt. Gunnar kann leider nicht erkennen, was sich Außergewöhnliches hinter all diesen Menschen befindet. Er ist viel zu klein, um über das Meer von Köpfen hinwegschauen zu können. Aber es muss etwas überaus Interessantes sein, sonst wäre nicht ein dermaßen riesiger Menschenauflauf entstanden.

»Komm mit!«, fordert Marius Gunnar auf. »Wir schauen mal, was da los ist!« Ohne lange zu überlegen, nimmt er Gunnar an die Hand und marschiert gemeinsam mit ihm los. Aber als die beiden vor dem wimmelnden Gedränge stehen, gibt es kein Weiterkommen. Zu dicht aneinandergereiht stehen die Leute, die hauptsächlich aus lebhaften Kindern mit erhitzten Gemütern bestehen, und bilden eine undurchdringliche Wand. Marius versucht enttäuscht mit unbeholfenen Luftsprüngen, Irgendetwas zu erkennen. Nachdem er aber ernüchtert feststellen muss, dass er und Gunnar viel zu weit hinten stehen, um etwas sehen zu können, gibt er bald auf. Mutlos zuckt er mit den Schultern und trottet mit gesenktem Kopf davon.

Gunnar beschließt, nicht mitzukommen. Stattdessen bleibt er zunächst wie angewurzelt an Ort und Stelle stehen. Denn er wird auf einmal von einem seltsamen Gefühl überwältigt, das ihm voll und ganz einnimmt. Er kann es sich selbst nicht erklären, aber er spürt, wie sein Herz rasend schnell und aufgeregt klopft. Alles um ihn herum entrückt in weite Ferne. Das lärmende Kreischen, Lachen und Johlen der unzähligen Kinder hört er kaum. Auch das Schupsen und Drängeln im Gewühle nimmt er nur noch beiläufig wahr. Wie im Rausch bewegt sich der kleine Teddybär nach vorn. Es hat den Anschein, als würde er von einer unbekannten, geheimnisvollen Kraft vorangetrieben, die ihm den Weg weist, den er unter allen Umständen zu gehen hat. Er kriecht und krabbelt durch einen unendlich scheinenden Wald aus Menschenbeinen. Er nimmt Fußtritte in Kauf, die von allen Seiten drohen und setzt sich beherzt zur Wehr, wenn er weggedrängt wird. Entschlossen kämpft er sich tapfer durch das unwegsame Hindernis.

Endlich hat er es geschafft. Aber als er erleichtert aufatmen kann, weil er die beschwerliche Mühsal ohne Schaden zu nehmen heil überstanden hat, bleibt ihm dennoch vor Staunen fast die Luft weg: Vor ihm steht ein lustig aussehender, hochgewachsener Mann, der gut gelaunt mit seinen beispiellosen Späßen sämtliche Kinder zum Lachen bringt. Mitten in einem freundlich lächelnden Gesicht mit strahlend blauen Augen trägt er eine riesige rote Nase. Sein offenherziges, breites Grinsen zieht die Mundwinkel von einem Ohr zum anderen. Er ist knallbunt gekleidet mit weiter Hose, schlotteriger Jacke, viel zu großen, geflickten Schuhen und einem kleinen Hütchen auf dem Kopf, an dessen Seite eine Sonnenblume angesteckt ist.

»Peter?«, nuschelt Gunnar verwirrt. Er glaubt, seinen Augen nicht zu trauen. »Peter!«, ruft er laut schallend, dass sich seine Stimme überschlägt, als er den Freund freudestrahlend erkennt.

»Gunnar!« Mit ausgebreiteten Armen empfängt Clown Peter überglücklich den kleinen Teddy. Beide liegen sich vertraut in den Armen, umringt von begeistert klatschenden Kindern, die dem rührseligen Wiedersehen der beiden Freunde von Herzen beiwohnen.

»Ich wusste, dass wir uns wiedersehen!«, säuselt Gunnar Peter ins Ohr. Eine heiße Träne der Rührung kullert ihm aus dem rechten Auge und rollt wie eine edle Glitzerperle an seinem Gesicht herunter.

Auch Peters Augen sind feucht. Dann haucht er: »Wir müssen doch noch Minigolf zusammen spielen!«

www.nepa-verlag.de